РУКОВОДСТВО ПО ХРИСТИАНСКОЙ МЕДИТАЦИИ ДЛЯ НАЧИНАЮЩИХ

ПУТЕШЕСТВИЕ В СЕРДЦЕ БОЖЕСТВА

РУКОВОДСТВО ПО ХРИСТИАНСКОЙ МЕДИТАЦИИ ДЛЯ НАЧИНАЮЩИХ -
Путешествие в сердце Божества

Тейлор Ремингтон

РУКОВОДСТВО ПО ХРИСТИАНСКОЙ МЕДИТАЦИИ ДЛЯ НАЧИНАЮЩИХ -
Путешествие в сердце Божества Copyright © 2023 Rooakh

www.rooakh.com

Опубликовано Seraph Creative (Сераф Креатив) Первое издание
ISBN 978-1-958997-16-1

Христианская медитация, христианская духовность, мистицизм, преображение, созерцание, личностный рост, молитва.

Цитаты из Библии взяты из Новой американской стандартной Библии, если не указано иное.
Дизайн обложки — Тейлор Ремингтон

ОГЛАВЛЕНИЕ

Предисловие   7

Введение   11

1   Взгляд в будущее   19

2   Новые интер-реальности   23

3   Основы медитации   29

4.   Иврит и библейский контекст для медитации   35

5   Раннехристианский контекст медитации   45

6   Знакомство с Сенсориумом и Телом   51

7   Начало Осознанной Жизни и Центрирующей Молитвы   59

8   Сенсориум Образов   65

9   Апофатический Восторг   77

10   Присутствовать в Настоящем   83

11   Дыхание   91

12   Заключительные Мысли   95

Сноски   99

Об авторе   105

О Seraph Creative (Сераф Креатив)   107

Посвящается моей замечательной жене и лучшему другу,

Меган.

Нас ждет еще много путешествий.

ПРЕДИСЛОВИЕ

Из всех студентов, которые начали занятия со мной через несколько лет после моего приезда в Венис, Калифорния, Тейлор и его жена Меган были одними из самых настойчивых и прилежных практиков. Тейлор, автор этой книги, является подлинным практиком и исследователем мистики. Эта книга служит введением в медитацию с христианской точки зрения, и в то же время она полезна для всех людей любого происхождения, интересующихся развитием ума, тела и души. В этой работе установлены и изложены структура и процессы медитации, которым легко следовать, но которые глубоко духовны. Нелегко написать книгу на каждый день, которая была бы и схоластически обстоятельной и духовно представительной. Тейлору удалось сделать это в главах ниже, которые действительно хорошо проработаны и хорошо изложены. От начала и до конца он описывает для начинающих основные исторические и теоретические основы, как-бы являясь проводником, делящимся подлинными духовными переживаниями, на основе собственного внутреннего опыта. Тейлор не только изучал духовность, он экспериментировал и испытывал это на себе. Эта работа, в результате, представляет собой интеграцию различных практик.

Как уловить быстрый ветер движения вспышек царства духа? Или, скорее, как мы можем сделать себя доступными для его волн, чтобы увлечь нас в его эфирные потоки? Эти яркие потоки, которые возникают на периферии нашего такого занятого разума... как нам их уравновесить и использовать как дверь во внутреннее пространство духа? Ответ через медитацию. Очень немногие из нас наделены природной способностью удерживать внимание в этой сфере. Даже те, кто обладает этим даром от природы, должны научиться устойчиво удерживать эти переживания, черпая из их красоты, а иногда и ужаса, таким образом, чтобы они выходили с другой стороны и становились калейдоскопом чудесных спектров божественного света. Каждый должен учиться, и лучший способ учиться — это практика медитации. Большинство новичков и даже ветеранов часто удивляются многообразию осознанности, которое возникает в процессе трансформации. Иногда все, что нужно, — это руководство, чтобы войти и поддерживать ищущего посредством практик, пока он не найдет путь в свой собственный сад. Я верю, что эта книга о медитации сделает это. Тейлор написал труд, который, я считаю, может помочь как новичку, так и ветерану в их путешествии. Это нужная книга, и, слава Богу, она также очень хорошо написана и структурирована. Я рекомендую эту книгу с благодарностью Богу. Это будет благословением для любого, кто возьмет ее и обратит на нее внимание.

Адония О. Огбонная, к.т.н.
Венеция, Калифорния, 2020 г.

"Экология Неба подобна зерну горчичному, которое человек взял и посеял на поле своем, которое, хотя меньше всех семян, но, когда вырастет, бывает больше всех злаков и становится деревом, так прилетают птицы небесные и укрываются в ветвях его".

Евангелие от Матфея 13:31-32

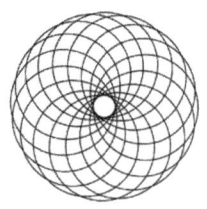

ВВЕДЕНИЕ

Мое путешествие в мир медитации началось около восьми лет назад, и именно благодаря опыту и знаниям, полученным за это время, родилась эта книга. Он был сформирован из моего желания увидеть, как отдельные люди и общины в христианстве исследуют и практикуют медитацию, чтобы пробудиться к более глубоким переживаниям нашего Духовного союза со Христом. Почти десять лет назад я начал исследовать свои еврейские корни и начал экспериментировать с различными традиционными еврейскими практиками, которые мне рекомендовала и преподавала мой учитель и наставник Адония Огбонная, доктор философии, еврейско-христианский богослов и мистик из Нигерии. Внедряя эти практики в повседневную жизнь, я стал замечать тонкие связи ума и тела, которые играют большую роль в том, как мы можем получить доступ к определенным Духовным мирам в трансперсональных состояниях сознания.

Шло время, и продолжая практиковать медитацию, я исследовал Христианские методики из разных эпох за последние два тысячелетия, которые я мог бы использовать сегодня. Во время этого поиска я нашел истории и примеры методик медитации, но было мало ресурсов с конкретными практическими рекомендациями для людей, без монашеского сана. С помощью Духа я смог экспериментировать и усовершенствовать техники и методологии и путем проб и ошибок обнаружил, что они усиливают воздействие на мое духовное состояние. Эта книга наполнена основополагающими инструментами, которые я использовал и продолжаю использовать, чтобы переживать Святой Дух, пробудить реальность моего союза со Христом и двигаться в мета-миры и системы с намерением "принести небеса на Землю." Эти техники привели и продолжают приводить меня к переживанию различных транс-соматических состояний, экстатических состояний единения, слова знания, пророческих видений, сердечных трансформаций, эмоционального и соматического баланса, восстановления отношений и многого другого.

Один из ключей к этому типу духовной работы, которому я научился, заключается в том, чтобы сосредоточить свое сердце и разум на присутствии Святого Духа, который бьет внутри, подобно фонтану. Здесь, внутри, мы находим доступ к живой воде, которая поддерживает и дает жизнь Душе. Я испытал этот доступ некоторое время тому назад посреди ночи, когда я проснулся и почувствовал энергетическое присутствие в комнате. Я лег в постель и начала практиковать концентрацию внимания на своем дыхании и фокусироваться на присутствии, которое я ощущал вокруг себя. Через некоторое время я услышал голос, говорящий: "Встань и иди". В этот момент я испытал что-то вроде сцены из фильма "Доктор Стрейндж", когда Стивена Стрейнджа вытолкнул из тела его учитель, и я оказался парящим и полностью вне своего тела. Это не было ни в моем воображении, ни в моем разуме ни в каком качестве — я был полностью вне тела и на 100% пробужден, в сознании, ясно отдавая себе отчет в том, что происходит. Это было не состояние сна или полудремы, а опыт нахождения вне тела. Теперь я должен отметить, что когда это произошло, я посещал место, где никогда раньше не был, и прибыл поздно ночью, поэтому я не видел, что было снаружи или вокруг этого района. Подняв глаза, я увидел Иисуса, стоящего передо мной в сиянии чистого света, и Он сказал: "Следуй за мной. Мне есть что тебе показать". Когда Он прошел через стену наружу, я последовал за ним через стену, где увидел "внешний" сад. Различные растения, которые я рассматривал, паря в саду, не только переливались яркими красками в лунном свете, но внешняя сторона листьев была наполнена пульсирующим чудным золотым светом. По мере того, как мы парили, Он подвел меня к фонтану посреди сада и сказал мне: "Пей". Я приблизился к фонтану, опустился на колени и зачерпнул в свои духовные руки воды и сделал глоток; в этот же момент я мгновенно вернулся в свое тело. На следующее утро я встал и обнаружил, что место снаружи, которого я никогда раньше не видел, было почти идентично тому, что я видел ночью, за исключением светящихся золотых листьев. Единственным существенным отличием было то, что фонтана не было физически, а это был скорее духовный элемент, наложенный на реальный мир.

Благодаря этому опыту я узнал, что если постоянно пить присутствие, то это приводит к переживанию более глубокого общения со Христом, которое не только проводит трансформацию природы Христа внутри нас, но также приводит к различным состояниям осознанности, которые позволяют получить доступ к многомерным мирам Божественного присутствия. Однако я быстро понял, что пить присутствие не всегда легко, потому что мой разум легко отвлекается. Ключ ко всему этому лежит в концентрации или сосредоточенности. Таким образом, методы, изложенные в этой книге, должны помочь вам настроить свой разум, чтобы сделать вас более чувствительным к постоянному присутствию Христа.

Не расстраивайтесь, если сразу ничего не получится. У меня были долгие периоды, когда мне было очень трудно сосредоточиться, или у меня просто не было значительных переживаний. Но когда все снова начало духовно открываться, я смог увидеть, как процессы, которые я продолжал практиковать в засушливые сезоны, увлекали меня и готовили к тому, к чему я вот-вот должен был пробудиться. Итак, ободритесь — знайте, что это путешествие, процесс в сердце Божественного. Как и Авраам, мы кочевники. Наш дом это не что иное, как становление, рост и следование жизни и движению Духа. И эти процессы являются частью того путешествия, которое приближает нас к постоянному пробуждению Божественного присутствия внутри.

По мере того, как мы продвигаемся вперед в наших путешествиях, мы обнаруживаем, что перед нами находится новый мир, новая эра христианской духовной практики и ее зарождающегося участия в Божественном Духе. Эта книга призвана заложить основу для некоторых практик, которые приведут к более тесному общению с Духом, но прежде чем углубляться в такие методы медитации, духовные практики и воображение, я должен отметить несколько ключевых терминологических поправок, использованных в этой работе.

Во-первых, на последующих страницах я обращаюсь к Богу в его едином коллективном характере как к "Божеству". Этимология этого слова лучше отображает то, что характерно высшим идеалам Духа. Деятельность или энергию Божества я называю "Духом". Он передает движение и жизнь Троицы, которые пронизывают все творение и вовлекают во взаимосвязь любую активность, объединяя и восстанавливая все любовью.[iii] Я стараюсь избегать использования имени "Бог" не потому, что не верю в это слово, а скорее потому, что "Бог", в нашем традиционном понимании этого слова, относится только к одному аспекту Божества. В зависимости от того, как подойти к его этимологии, его происхождение может быть связано со словом "хороший" или со словом "возлияние" (применительно к англ. "God"). Преднамеренные, творческие цели выделяют и другие имена и, следовательно, могут расширить наш опыт и наш словарный запас, ассоциирующиеся со словом "Бог".

Во-вторых, я решил использовать термин "Экология Духа" вместо традиционного перевода "Царство Божие". Я ни в коем случае не против использования слова "Царство" или даже "Царство Божие", однако я считаю, что сегодня для нас есть более содержательный термин, который, как мне кажется, отражает глубину смысла, выраженного Иисусом в Евангелия. Чтобы понять причину этой замены слова, мы должны сначала изучить термин "экология". Греческое слово или приставка *эко* означает "жилище или окружающая среда", что подразумевает семейную связь между членами общей среды. Далее, суффикс *логия* означает "учение", и стоит отметить, что *логия* связана с греческим словом Логос, означающим "Слово". Это не означает, что мы должны вспоминать написанную Библию, а скорее в контексте, где Евангелие от Иоанна называет Иисуса Логосом; это относится к тому, что придает структуру и форму всей жизни. Это разум или сознание Духа, проявленное для того, чтобы произвести различие и множественность, позволяя проводить различия, таким образом, "Все вещи начали существовать через Него, и без Него ничто не начало быть, что начало быть." Проще говоря, всякий раз, когда вы встречаете слово "экология" в этой книге, оно относится к экологическому, творческому и любящему процессу Слова-Логоса.

Эта экологическая терминология приводит наше символическое осмысление[iv] к первоисточникам. Через такие сдвиги мышления мы как будто возвращаемся к знакомому образу, который связан с нашим восприятием Вселенной и всей Природы, ставших соучастниками искупления вместе с нами, то есть к роли благодетеля и опекуна Творения. Таким образом, экология, которую Иисус или на иврите Иешуа, призывает нас искать, не является абстрактным или отдаленным образом "управления", а скорее подчеркивает нашу невероятную роль в процессе поддержания, производства и восстановления всех форм жизни.

Более того, смыслы этого определения, связанные с окружающей средой, подчеркивают слова Иешуа в Евангелии от Иоанна 3 о том, что Дух подобен ветру, дыханию и воздуху, который движет, формирует, создает и наполняет весь мир. Ибо как воздух, которым мы дышим, дает жизнь нашему телу, так и Экология Духа дает жизнь всему Сущему. И так же, как дыхание или ветер невидимы, но их воздействие и действия видны через видимое творение, Экология Духа проявляет и делает известным действие Духа в мире, через наши действия и всеохватывающие аспекты Добра, Истины, Красоты и Любви. Так проявляется Экология Духа.

Я знаю, что слово "окружающая среда" обычно используют в связи с землею. Оно символически укоренено в нашем отношении к творению и всем его процессам, в которых Небеса играют свою роль. Я, конечно, не говорю, что мы должны игнорировать Небеса или пренебрегать исследованием этих сфер в наших духовных практиках — да не не будет этого никогда! Во что бы то ни стало, давайте вознесемся или спустимся в сферы, где усиливается имманентность присутствия Духа. Но помните: наш опыт должен воплощаться в жизнь всех людей и всего творения. Действительно, небо и земля переплетены в Экологии Духа и не являются полностью отдельными реальностями, а скорее имманентны все же различным проявлениям творчества Духа (Быт. 1:1).

Каждая из следующих глав в этом руководстве сопровождается коротким упражнением или активацией, к которым я призываю вас часто возвращаться и интегрировать их в свои собственные практики. Я рекомендую медленно переваривать чтение и уделять время каждому упражнению и активации, позволяя им погрузиться в ваш разум и тело. Эта книга предназначена не для чтения за час, а для чтения в течение долгого времени и с практическим применением. С точки зрения содержания, первая глава исследует, почему медитативные практики имеют центральное значение для продвижения христианской практики. Во второй главе рассматривается качество бытия, возникающее в результате медитативной практики, а в третьей главе дается краткий обзор того, что влечет за собой медитация, и раскрываются некоторые физиологические преимущества ее применения. Далее в четвертой главе исследуются способы, которыми древние израильтяне практиковали медитацию, а в пятой главе дается краткий обзор исторических процессов раннехристианских медитативных практик. В шестой главе обсуждается, как наши тела становятся духовными антеннами в медитации. В седьмой главе дается введение в практику ума (полного) и центрирующую молитву, а в восьмой главе разъясняется, как работает сенсориум образов — место, где ум "видит". Девятая и десятая главы углубляются в апофатический процесс мистического восхождения и способы, которыми мы можем сосредоточить свой взгляд на Присутствии, соответственно, а одиннадцатая глава представляет краткий обзор дыхания и его роли в нашей медитативной практике. Наконец, глава двенадцатая включает в себя мои заключительные мысли и прощальные ободрения.

Итак, друзья, давайте преобразимся нашими мистическими исканиями во Христе и его всевозрастающей радостью, но не будем забывать, что Христос призвал нас искать Экологию Духа. Это делается не для простого наслаждения небесными переживаниями, а для преобразования мира в его собственную версию или творческое видение, которое перекликается с атмосферой Небес. Занимаясь в следующих главах миром христианской медитации и аспектами духовных технологий, давайте не будем забывать, что наш союз со Христом, возникающий через наши практики, неизбежно приведет к преобразованиям нашей жизни, как локальным, так и космическим.

"И сказало Божество душе:

Я желал тебя до начала мира.

Я желаю тебя сейчас

Как ты желаешь меня.

И где желания обоих сходятся, Там любовь совершенна".

- Мехтильда Магдебургская

1

ВЗГЛЯД ВПЕРЕД

Многие в церкви спрашивают: "Почему так много молодых людей (или людей в целом) покидают церковь? Когда/как они вернутся? Как мы вовлекаем тех, кто уходит?" Часть проблемы сегодняшней церкви заключается в том, что большинство людей моложе тридцати пяти лет и многие другие люди всех возрастных групп больше не принимают слепо ограничивающие жизнь идеи на уровне коллективного подсознания. По мере того, как Дух преображает человека от славы к славе, старые теологии и системы развлечений, плохо встраиваются в обновляющуюся человеческую психику, и в результате большинство институтов или церквей, поддерживающих эти идеи, больше не существуют и не наблюдают возвращение участников. Так чем же интересуются эти новые умы? Помимо всего прочего, они интересуются инклюзивной духовностью, идеями, развивающими сострадание к окружающей среде, и практиками, позволяющими лично переживать Дух.

Старая тактика запугивания, которая удерживала многих на церковных скамьях, теряет контроль, поскольку все больше людей теперь имеют доступ к историческим корням этих доктрин и могут исследовать их для себя. Если страх больше не будет работать, то что тогда? Возможно, нам следует подумать о мистической революции, которая основывается на сострадании, любви, инклюзивности и принципах участия в практиках, которые являются сутью книги, которую вы сейчас держите в руках. Мы просто не можем часами стоять перед церковью и бесконечно учить. Мы должны участвовать как в коллективном, так и в индивидуальном управлении, чтобы мы могли войти в осязаемый опыт Экологии Духа. С этого момента мы можем начать приглашать других в совместную реальность бытия Христа, то есть течь и участвовать в Божественном потоке единства.

Прежние идеи, основанные на статичных и безучастных ценностях, позволили поверхностно передать послание и жизнь Иисуса и породили развлекательные церковные зрелища, которые неизбежно рухнут. Вместо того, чтобы нас развлекали те, у кого есть микрофон, мы делаем шаг, чтобы приобщиться к духовной реальности и ее раскрытию в жизни каждого из нас. Этот сдвиг, среди прочего, вновь представит ищущим христианам различные виды медитативных и созерцательных практик, а также усовершенствование практики и действия даров Духа. С одной стороны, это более глубокое приобщение к дарам Духа позволяет нам познакомиться с визионерской деятельностью ума, выходящей за рамки "я". Это неизбежно приведет к вопросам и поискам. Похоже на процесс, который неоднократно описывает Иисус! Это не всегда будет красиво, как это бывает с немногими процессами, но внутри нас быстро возникает что-то, что выталкивает нас за наши удобные границы и условности. Я призываю вас быть готовыми к инновациям, быть открытыми к изменениям и принять мистику, когда мы вместе приближаемся к новой эпохе в модальностях участия и опыта.

В общем, эта небольшая книга была написана, чтобы помочь вам в вашем путешествии в христианскую медитацию и духовную практику, основанную на вашем вовлечении. Я надеюсь, что это поможет вам на практике и, возможно, даст понимание некоторых из многих вопросов, которые возникают, когда человек начинает испытывать мистические переживания. В то же время я также надеюсь, что это создаст больше вопросов в процессе поиска ответов. Это краткое введение никоим образом не предназначено для обзора христианского мистицизма или христианского мистического богословия, а скорее как руководство, которое поможет вам сориентироваться в отношении основ христианской медитации. Не сосредотачиваясь на мольбе или молитве, основанной на желании, как на основном средстве медитации, мы можем освободить место и начать практику различных техник, которые позволяют нам течь в единении с Христом внутри. В качестве благословения пусть вы всегда преображаетесь в любви к Божеству с целью постоянного переосмысления человека и его отношения ко всему во Христе.

"И не сообразуйтесь с этим миром, но

преобразуйтесь обновлением ума
вашего, дабы

вы могли испытать, что такое добрая,
приятная и гармоничная воля Духа".

Римлянам 12:2

2

НОВЫЕ РЕАЛЬНОСТИ

Естественное тело, согласно традициям некоторых мистических еврейских общин, представляет собой не менее чем сорок компонентов или пересечений пространственных измерений, образующих двенадцати- или шестнадцати-мерную проекцию, раскрывающую физический мир в нашем трехмерном пространстве. Можно представить это в виде сорока точек света, которые преломляются, чтобы создать голографический, но очень реальный мир. Из этого воплощенного опыта разум человека формирует одежду реальности, переживаемую в своем пространственно-временном мире. Каждое измерение или мир невероятно тонок. Однако бесконечное пространство разума позволяет конструкции любого данного измерения разворачиваться в пределах определенных схем построения, и это становится реальностью в материальном мире. Оно ощущается, видится, слышится и фундаментально переживается, как будто даже во сне, но все же частью разума.

Ум фундаментально притягивается и ведет себя по определенным законам и условия для того, чтобы "оставаться" в этой плоской космической сфере. Однако через медитацию, сон и измененные состояния в целом эти законы могут изменяться или нарушаться, что позволяет человеку испытать альтернативные реальности, или миры, или условия бытия. Это не значит, что нужно игнорировать этот мир или искать спасения от него, чтобы оставить всех живых существ позади. Скорее следует стремиться к гармоничному преобразованию своей природы, чтобы преобразовывать, исцелять и давать понимание существам в их мире. В Послании к Филиппийцам и Посланию к Евреям говорится, что Иисус освободил Себя от Своей Божественной природы, чтобы принять человеческую природу — другими словами, Иисус принял сознательное состояние, чтобы обитать в этом мире и ощущать его в его нынешнем виде.[vii] И когда он ходил среди нас, Он не оставил нас сразу, а скорее представил нам предписывающие и показательные поведенческие действия, которые преобразят наш мир. Он полностью оставил Свой след в этом мире даже после Своего воскресения. Именно это понимание мы должны помнить, когда ищем и входим в мистические переживания. Они предназначены не только для нашего удовольствия, но и для улучшения всего космоса. Каждое насекомое, камень, пчела, цветок, растение, животное и сосед получают пользу от нашей трансформации и пробуждения.

Тогда возникает вопрос... как начать? С чего начать? Этот ответ прост: "Ищите прежде Экологию Духа, и все это приложится вам". Где искать эту экологическую область? Опять же, ответ прост: "Экология Божественного находится внутри вас". Путешествие сначала происходит в сфере сердца, как подчеркивается в подзаголовке этой работы. Мы должны искать и открывать, что мы из себя представляем, и отказаться от всего, что преграждает путь к нашей свободе в Экологии Духа. В сложившемся списке доктрин или магических молитв, мы вряд ли сможем найти подсказки или предпосылки для начала этого путешествия. Они скорее проявляются через качество бытия, которое довольно просто формируется:

Если я говорю языками человеческими и ангельскими, а любви не имею, то я стал звенящей медью или кимвалом звенящим. Если У меня есть дар пророчества, и я знаю все тайны и все знания; и если имею всю веру, чтобы передвигать горы, а любви не имею, то я ничто. И если я отдам все свое имение, чтобы накормить бедняка, и если я отдам свое тело на сожжение, а любви не имею, то это не принесет мне никакой пользы. (1 Коринфянам 13:1-3)

Но плод Духа есть любовь, радость, мир, терпение, доброта, милосердие, верность, кротость и самообладание. (Галатам 5:22)

Эти качества невозможно в себе культивировать насильно. Более того, нам не стоит наклеивать ярлык "внешний" на тех, у кого есть модели деструктивного поведения. Вместо этого в этом путешествии нужно быть терпеливым, добрым и нежным по отношению к себе и другим. Никто в одночасье не"изменится". Это наша жизнь путешествия, трансформации и преобразования с Духом. Те, кто по-настоящему ищет Экологию Духа могут увидеть, как традиционные законы и поведенческие нормы полностью растворены в их жизни. Поскольку мы взаимосвязаны со всем творением, мы должны стремиться освободить других от страданий посредством привнесения гармонии, сострадания, любви и щедрости в той мере, в какой это возможно. В Послании к Галатам это описывается как "ношение бремени друг друга" (Гал. 6:2). Это не означает, что все должны стать социальными работниками или жить в монастыре, но, скорее, мы все должны стремиться изменить состояние мира через проявление любви даже в самом малом, в соответствии со степенью и даром, на которые способен человек. Со временем этот практикуемый, преобразующий взгляд заставляет сердце искать непрекращающийся поток даяния для других, служения, обучения, исцеления и проведение времени вместе. Существует бесконечное количество способов, благодаря которым может возникнуть этот взрыв бескорыстной энергии. Действительно, это можно увидеть в кормлении грудью матери, обучении отца или когда мы делимся чем-то с ближними. Мы должны быть осторожны, чтобы не давать статических характеристик тому, что мы считаем духовным или "святым", а вместо этого искать то, что благотворно и животворно. И тогда деятельность Экологии Духа бесконечна.

Наконец, бесконечны не только действия, но и типажи людей и способы их выражения. Следует искать, поощрять и приветствовать разнообразие потенциальных характеристик. Некоторые люди будут кроткими, в то время как другие будут полны энергии, рвения и азарта. Будут экстраверты, интроверты и все, что между ними. Различные уровни способности к любви и внутренней гармонии, которые мы видим в мире среди людей, являются не чем иным, как личным переживанием возможных выражений и проявлений Божества.

По мере того как аспекты или качества души[viii] начинают проявляться благодаря активности Духа, который течет, преображает и переформатирует личность, человек получает непрекращающиеся возвышенные переживает, связанные со способностью размышлять о чем-то, кроме себя. Этот процесс обновления позволяет переосмыслить человеческий потенциал как в индивидуальном, так и в коллективном смысле. Эта любящая основа необходима для практик и техник, обсуждаемых на следующих страницах.

*"Пребудьте во Мне, и Я ЕСМЬ в вас.
Как ветвь не может*

*приносить плода сама собою, если не
будет на лозе, так и вы, если не будете
во Мне.*

*Я ЕСМЬ виноградная лоза, вы ветви;
кто пребывает в Я ЕСМЬ и Я в нем,
тот приносит много плода, ибо без Я
ЕСМЬ вы ничего не можете делать".*

Иоанна 15:4-5

3

ОСНОВЫ МЕДИТАЦИИ

Когда вы думаете о медитации, что первое приходит вам на ум? Вы представляли себе человека, сидящего и поющего? Был ли ваш разум пуст? Вы думали о монахинях, поющих и распевающих гимны? Медитация — это термин, который охватывает широкий спектр практик и стилей жизни. Правда в том, что все, что делается намеренно, с сосредоточенностью и сознательной энергией, является разновидностью медитации. Медитация — это не процесс засыпания, а скорее процесс, в котором мы пробуждаемся или настраиваемся на свое Я во Христе. Таким образом, даже ходьба, еда, дыхание, растяжка, работа и все, что делается в духе внимательного, полного бодрствования и бдительности, является типом медитации. Некоторые считают, что цель медитации — "опустошить" разум. Хотя иногда человеку следует очистить свой разум, он никогда не "опустошает" его по-настоящему. Однако важно отметить, что когда происходит очищение разума, его можно наполнить

Присутствием. Опять же, цель не в том, чтобы опустошить, а в том, чтобы намеренно сфокусировать или привести свое бытие в состояние покоя. И, как мы будем обсуждать в этой книге, медитация гораздо более тонкая и сложная, чем просто идея о том, что все дело в "опустошении" разума.

Итак, какова цель медитации? Медитация переводит человека в режим, в котором он становится чувствительным к активности Божественного присутствия. Хотя изначально человек может и быть не "чувствительным" к этому присутствию, сама деятельность медитации медленно трансформирует и настраивает его способность к восприятию, чтобы чувствовать и ощущать Божественное присутствие. Когда Божественное присутствие ощущается внутри человека, необходимо сосредотачивать и удерживать все свое внимание на этом присутствии до тех пор, пока он в состоянии это делать. В рамках этой практики сосредоточения всего своего существа на Присутствии, человек как будто начинает принимать причастие. В этом альтернативном состоянии причащения, хлеб и вино становятся *энергией* Божественного присутствия, которая актуализируется благодаря фокусированию осознанности. *Энергия* Святого Духа движет и сдвигает различные аспекты разума, сердца и тонких тел, чтобы привести их в состояние гармонии и целостности.

С практической точки зрения, медитация также имеет много хорошо задокументированных преимуществ. С 1970-х годов был проведен ряд исследований, в которых изучалось соматическое и психологическое воздействие различных видов медитации. За прошедшие годы было обнаружено, что практика медитации в положении сидя, создает, стимулирует и поддерживает ряд преимуществ для здоровья. Эти преимущества включают в себя положительное воздействие на кровяное давление, рак[x], гипертонию[xi] и облегчение хронической боли[xii]. Кроме того, она помогает укрепить иммунную систему для защиты от простуды и гриппа.[xiii]

В дополнение к соматическим преимуществам есть также много

положительных психологических преимуществ, которые включают улучшение концентрации и внимания, улучшение памяти и интеллекта, улучшение сон, а также снижение беспокойства, стресса и депрессии. [xiv] Все эти исследования показали, что люди, регулярно практикующие медитацию, более счастливы, более удовлетворены [xv] и, как результат, имеют более долгую и здоровую жизнь.[xvi] Из этого исследования можно сделать вывод, что интеграция медитации в жизнь Человека по всему миру в самом начале.[xvii] Конечно, есть и другие культуры и регионы мира, где практика медитации уже укоренилась и интегрирована в общество в целом и существовала на протяжении столетий, если не тысячелетий. Хотя во многих регионах земного шара, таких как современный Англо-Саксонский мир, различные медитативные практики становятся заметными и заново изучаются из-за их пользы для здоровья, как физического, так и психологического. В результате они все больше и больше интегрируются в повседневную жизнь тех, кто заинтересован в их преобразующих возможностях.

По мере продвижения по этой книге в конце каждой главы вы будете встречать различные упражнения. Я настоятельно рекомендую вам уделять время каждому занятию, так как оно является жизненной силой этой книги. Каждый раз, когда вы видите, что одно из упражнений требует принять положение сидя и расслабиться, я рекомендую следующие советы:

Найдите реальное место, куда вы сможете приходить всякий раз, когда медитируете, чтобы создать своего рода священное пространство в вашем доме. Это помогает быстрее настраиваться на медитативные практики каждый раз, когда вы занимаете привычное место. Кроме того, если вы чувствуете стресс, вы знаете, что можете вернуться в это место в любое время, чтобы дать отдых душе и телу, подобно "молитвенной комнате", описанной Иисусом в Матфея 6:6.

- Сядьте прямо, если вы сидите. Лучше всего использовать стул, на котором можно сидеть прямо, но при этом удобно. В идеале, когда вы сидите в кресле, ваши ноги должны стоять на земле. Сидя прямо, вы открываете электрические меридианы и кровеносные сосуды в своем теле, которые помогают расслабиться, исцелиться, восстановиться и омолодиться. Если вы решите лечь, просто убедитесь, что ваша спина прямая, когда вы ложитесь на спину.

- Убедитесь, что вы не скрещиваете ноги или руки. Если вам холодно, устройтесь поудобнее, наденьте толстовку или накройте ноги одеялом. Важно не скрещивать их, чтобы сохранить открытость вашего тела.

- Если вы предпочитаете сидеть на полу, убедитесь, что ваша спина прямая и, опять же, что вам удобно. Новичкам я рекомендую приобрести подушку или мягкий коврик, чтобы сидеть было удобнее. Это поможет не сосредотачиваться на дискомфорте, который вы ощущаете, а вместо этого позволит войти в поток практики.

- Опять же, вам должно быть удобно! Если вам нужно немного пошевелиться, когда вы сидите, немного поправить позу, это нормально! Слушайте свое тело.

- Рекомендуется включить расслабляющую фоновую музыку, если это поможет вам сосредоточиться и успокоиться. В этом нет необходимости, но если это поможет вам успокоиться, дерзайте!

- Если упражнение требует наблюдения за дыханием или включает в себя какую-то работу с дыханием, я рекомендую вдыхать через нос, а выдыхать через рот или нос. Когда вы вдыхаете, старайтесь сначала вдохнуть животом и затем грудью, чтобы задействовать всю диафрагму. Таким образом, вы вдыхаете не только легкими, но и используете для дыхания всю диафрагму, что помогает активизировать органы, находящиеся в животе и нижней части диафрагмы.

До сих пор мы увидели, что медитация приносит много пользы для тела и психического здоровья, а также практические советы по эффективной медитации. В дополнение к этому, конечно, есть динамические, духовные аспекты, которые помогают научиться обходить "эго" и высвобождать Дух и его работу в нашей жизни. Эти духовные реальности могут быть выражены в следующих вопросах, над которыми я призываю вас задуматься:

Кто я?

Кто является Божественным?

Как я могу преобразовать свое сердце?

Как мне стать более самоотверженным?

Как мне настроиться на Экологию Небес и настроиться на ее вибрации?

Как я могу по-настоящему познать Жизнь Христа внутри себя?

Что чувствует Христос во мне?

Каково это, когда Дух течет внутри, вокруг и через меня? Как я могу высвободить образ Христа в своей повседневной жизни?

Вступительное упражнение: 10 минут

Сядьте спокойно и задайте себе один из перечисленных выше вопросов или свой собственный вопрос. Я рекомендую начать с первых двух. Кто я? Кто является Божественным? Какова моя цель в медитативной практике? Наблюдайте за своими ответами. Не судите себя и будьте сострадательны к себе. Нет правильных или неправильных ответов. Ваши ответы раскрывают глубины вашего бытия и структуры, которые созданы внутри. Когда вы закончите, через несколько мгновений скажите себе и Святому Духу "спасибо". Возвращайтесь к этому упражнению каждые несколько месяцев, так как это не разовое упражнение. Это должно стать своего рода ритуалом[xviii], дисциплиной или "практикой", которую можно выполнять каждые несколько месяцев.

"...но ЯХВХ не был в огне.

И после огня раздался

тихий тихий голос

[дыхание]".

1-я Царств 19:11-12

"Слушай, Израиль! ЯХВХ наш Элохим, ЯХВХ один!

Люби ЯХВХ, Элохима твоего, всем

сердцем твоим, и всею душою твоею,

и всеми силами твоими".

Второзаконие 6:4-5

4

ЕВРЕЙСКИЙ ЯЗЫК И БИБЛЕЙСКИЙ КОНТЕКСТ ДЛЯ МЕДИТАЦИИ

Прежде чем рассматривать лингвистические и библейские основы медитации, мы должны отметить, что большинство библейских представлений о духовной практике подпадают под рубрику "молитва". Они могут быть выражены по-разному, например, призывание Божественных Имен на протяжении всего Псалтиря или коленопреклонение, чтобы вызвать определенное состояние подобное тому, которые переживал Илия на горе Кармил (3 Царств 18:42). Из-за наших религиозных идеалов и того, как нас учили или обучали в рамках наших христианских практик, многим из нас никогда не показывались различные духовные аспекты или практики, которые были частью древней израильской (а позже иудейской) традиции, из которой произошло христианство. Помните, Иисус и его самые ранние последователи были евреями и остались таковыми. Обращая внимание на языки Библии — еврейский и греческий — а также на культурное наследие, связанное с ними, мы расширяем диапазон нашего опыта с Духом и знакомим с традициями, обычаями и техниками, с которыми мы связаны. Многие описания таких практик были утеряны в процессе текстуализации Священного Писания, и в результате большинство духовных практик, сохранившихся в протестантизме[xix], стали формой молитвы.

Многие люди говорят о еврейском мистицизме или духовности в контексте медитации, и важно помнить, что мы имеем дело с долгой историей идей, практик, методологий и техник, как известных, так и утерянных за период около трех тысяч лет. В этом обширном хронологическом промежутке у нас есть по крайней мере пять основных эпох или периодов, которые вносят свой вклад в практики, которые сохранились в еврейском религиозном контексте сегодня, особенно в отношении воздействия медитативных и духовных практик. Первая эпоха — это эпоха древних израильтян, существовавшая до нее и включающая период Первого Храма, или храма Соломона (примерно 2000 г. до н. э. — 586 г. до н. э.). Вторая эпоха начинается со строительства Второго Храма, его реконструкции при Ироде и заканчивается его разрушением, отсюда и так называемый период Второго Храма (примерно 516 г. до н.э. - 70 г. н.э.). Третья эпоха — это ранняя и средняя раввинистические эпохи (100–800 гг. н. э.); четвертая - Средневековый период (800 г. н.э. - 1500 г. н.э.), возникшая в Западной Европе и Северной Африке; а пятая эпоха освещает один из пиков еврейского мистицизма в Северной Палестине в 16-м и 17-м веках, а также хасидское движение Северо-Восточной Европы 18-го века. Каждая эпоха несет в себе мистическую традицию или нить, которая включает в себя множество техник и методологий для доступа к Божественным сферам и измененным состояниям.

Период, когда мы можем смело вернуться в прошлое и сказать, что различные медитативные техники использовались израильтянами, начинается приблизительно с 8-го и 7 веков до нашей эры. Во-первых, основываясь на библейских текстах и соответствующей исторической поддержке, кажется, что в то время существовали пророческие школы, которые учили пророков-учеников, как входить в состояния, подобные трансу, чтобы услышать "слово Господа". Во-вторых, визионерские эскапады Исаии, Иезекииля и Даниила, которые теперь перекликаются с периодом Второго Храма, показывают, что состояния транса использовались не только для пробуждения Божественного слова, но и для путешествия по мирам, измерениям и царствам. Что очевидно ясно из текстов, так это то, что израильтяне и иудейская община были озабочены Божественными словами, относящимися к нации в целом и коллективному "Мы". Большинство пророческих высказываний и визионерских размышлений, сохранившихся в контексте Иудеи, касались народа в целом. У нас нет сохранившихся путеводителей или текстов, в которых бы четко излагались мистические практики. Вместо этого у нас есть пророческие высказывания о том, что, по-видимому, возникло из этих трансовых состояний. Трудно сказать, что именно практиковали древние израильтяне, потому что большая часть этой информации была утеряна, но, безусловно, есть предположения, что некоторые из техник или практик тайно передавались из уст в уста от мастера к ученику в течение многих столетий. Это, по крайней мере, на текущий момент времени, не может быть продемонстрировано никакими прямыми доказательствами и все еще находится в процессе постоянного исследования и освещения как археологами, так и историками.

В следующем разделе используется своего рода филологическая археология, с помощью которой мы можем начать строить картину некоторых техник или практик, которые были включены в Священное Писание, которое мы имеем сегодня. В еврейской Библии есть три слова, которые часто переводятся как "медитировать": Хага (הגה), Сияч (שיח) и Хитбонен (ונבתה|).

Во-первых, Хага также может быть переведено как "созерцать" или пониматься как сосредоточение ума посредством речи или шума. Например: "Да будут угодны Тебе, Боже, слова уст моих и помышление (хага) сердца моего" (Псалтирь 19:15). Его также можно рассматривать как своего рода воркование, напевание или размышление о звуках или речи, которые человек издает во время воспевания Божественных имен, как видно из следующего: "Во имя Твое я поднимаю руки мои... и размышляю (хага) о Тебе в стражах ночи" (Псалом 63:5,6), "я буду ворковать (хага), как голубь" (Исаия 38:14), и "как лев и детеныш рычат (хага) над своей добычей" (Исайя 31:4). То, что мы видим из слова "Хага" и его использования в псалмах, является своего рода мантра-медитацией, которая побуждает читателя сосредоточить свои мысли на Божественном в его атрибутах и именах посредством речи или звука, чтобы сместить свое осознание, что затем поощряет постоянное сосредоточение на Духе.

Кроме того, в этом слове заключена идея очищения: "Удали (хага) примесь с серебра... удали нечестивого от царя" (Притчи 25:4,5). Это очищение может быть сродни идее о том, что человек приводит свой ум в состояние легкости и покоя, чтобы Дух мог проявиться внутри. В процессе размышлений об атрибуте или Божественном имени человек начинает очищать свое сердце-разум от шлака, который связывает его осознание с Духом. И, наконец, стоит отметить, что этот корень слова Хага также связан с аналогичным словом, означающим "руль или штурвал". Из этих лингвистических отношений можно заключить, что с помощью медитации, подобной Хага, или практики размышлений и сосредоточения на аспектах Божественного, можно направить сердце так, чтобы оно больше не блуждало бесцельно по безбрежному морю бессознательного ума, а вместо этого оно приходит к тихой водной глади, которая отражает Божественный свет.

Второй пример слова, часто переводимого как "медитировать", — это Сияч. Медитация, которая описана словом Сияч, — это акт или процесс погружения или полного осознания действий Божественного Духа. Эти действия могут быть либо конечным проявлением работ и творений Бога, либо проявлением Божественной воли. Практиковать Сияч — значит настроить свое сердце на деятельность Духа, когда Он сообщает о своей работе. Например, в Псалме 76:13 говорится: "Я размышляю (хага) о всех делах Твоих и о планах Твоих думаю (Сияч)". А в Псалме 119:27 говорится: "Позволь мне понять путь Твоих тайн, я буду размышлять (Сияч) о Твоих чудесах". Как уже упоминалось, медитация Сияч предназначена для того, чтобы чувствовать мягкое убеждение, проявление и движение Божественного, которые содержат Волю или идеальное видение Духа. Размышлять об этих аспектах — значит размышлять в области горизонта событий, где Дух постоянно течет через открытые и творческие процессы всех Миров. Один из способов просто практиковать это — спросить Духа: как выглядит гармоничное видение моей жизни? Получив какое-то впечатление, образ или ощущение по этому поводу, размышляйте над этим образом или ощущением. Почувствуйте это, позвольте этому проникнуть внутрь. Сосредоточьте свой разум на видимой реальности, которую Дух принес вам, по крайней мере, на 15 минут. Не позволяйте этому просто пройти через вашу систему; пусть это станет аспектом, над которым вы размышляете в течение многих часов.

Третий пример — Хитбонен, что часто переводится как "смотреть", "понимать" или даже "созерцать". Следующие библейские примеры показывают диапазон возможностей этого слова:

"Я заключил завет с моими глазами;

Как же я мог *смотреть* на девственницу?" (Иов 31:1)

"Я даже *обратил на тебя пристальное внимание*;

Поистине, никто не опроверг Иова…" (Иов 32:12).

"Выслушай это, Иов; *остановись и поразмысли* о чудесных делах Божиих". (Иов 37:14)

"Пусть те, кто мудр, внимают этим вещам,

и *подумают* о непоколебимой любви Господа". (Псалом 106:43)

"Нечестивцы подстерегают меня, чтобы погубить, но я *учитываю* твои постановления. Я видел предел всякого совершенства, но Твоя заповедь чрезвычайно широка". (Псалом 119:95-96)

Каждый из этих отрывков намекает на практику направления своим разумом до такой степени, что понимание начинает проявляться через сосредоточение ума на аспекте Божественного. Вот почему Хитбонен во многих переводах переводится как "созерцание", ибо действие Хитбонен является активным и развивает процесс активного сосредоточения внимания на природе и действиях Божественного. Таким образом, в одном аспекте своей практики он может рассматривать дерево и замечать эстетику его красоты и то, как оно отражает скрытые реальности Духа. Или это может быть даже размышление о процессе трансформации, которую человек прошел в своей жизни с Духом. Как мы увидим в следующем разделе созерцания, Хитбонен также является катафатической, то есть утвердительной и часто основанной на образах практикой, когда человек привязывается к образу, чтобы вовлечь себя в этот опыт. Один из способов применения этого метода заключается в том, чтобы снова и снова представлять в уме библейскую историю, пока не начнет появляться чувственная или основанная на образах реакция.[xx]

Подобно медитации Хитбонена, но встречающейся в христианской традиции, многие православные церкви используют изображения или создание икон для медитации и пробуждения души к Духу. Для тех, кто придерживается протестантской традиции, работа без изображений или сосредоточение вокруг апофатической реальности для поклонения было унаследованным способом поклонения с момента зарождения протестантизма в 16 веке. Если вы когда-либо были в православной церкви, первое, что вы можете заметить, это различные иконы или изображения на стенах. Для тех, кто имеет протестантское происхождение, это может быть довольно поразительно или даже похоже на форму "поклонения идолам". Но для наших братьев и сестер в православной традиции эти иконы рассматриваются как священные порталы для Божественного Духа или даже для жизни того конкретного святого или библейской сцены, которые сияют в атмосфере их комнаты или церкви. Эти катафатические традиции утверждают, что такие изображения превращают небесные энергии в творение.

Примером того, как это выглядит в таких сообществах, является то, что можно взять икону Иисуса Христа и сосредоточить на ней свой ум, то есть наблюдать, чувствовать и наблюдать все те ощущения, которые возникают при созерцании иконы. Из-за того, что изображению уделяется такое пристальное внимание, многие православные общины рекомендуют, чтобы икона была благословлена священником, прежде чем человек начнет работать с изображением, поэтому у художников в рамках этих традиций есть строгие правила и определенные духовные протоколы, которым нужно следовать. Опять же, этим изображениям не поклоняются, но они предназначены для использования в качестве окон, через которые можно задействовать Божественную энергию или энергию, стоящую за ними. Вскоре мы обсудим и другие формы христианской практики.

До сих пор мы рассматривали в библейской традиции действия и практики, которые подталкивают медитирующего к осознанию того, где находится ум, на чем он фокусируется и куда можно переместиться, а также к конечному осознанию того, что может произойти. Эти действия, как правило, лучше всего выполнять сидя или в таком положении, когда можно сосредоточить свой ум на жизни Духа, но это не единственный способ медитации.

Есть и другие активные виды медитации, встречающиеся в израильской и еврейской традициях. Согласно Арье Каплану, еврейскому мистику и писателю, "Библия ясно говорит, что пророки использовали пение и музыку для достижения более высоких состояний сознания". Он полагает, что псалмы и другие музыкальные практики древнего Израиля исполнялись не для простого развлечения, но для того, чтобы вызвать определенные состояния у слушателя или практикующего. Каплан утверждает: "Важно отметить, что другое слово, обозначающее песню, Шир (שיר), очень тесно связано со словом Шур (שור), означающим "видеть".[xxii] Он предполагает, что слова, обозначающие песню и видение, тесно связаны между собой и, следовательно, взаимосвязаны в своей функции по отношению к истинным мистическим видениям. Примером этого может служить история Саула, пророчествующего среди пророков сразу после того, как он был помазан на царство в 1 Царств 10:5-11

"После того ты придешь на холм Божий, где охранный отряд Филистимский; [там начальники Филистимские;] и когда войдешь там в город, встретишь сонм пророков, сходящих с высоты, и пред ними псалтирь и тимпан, и свирель и гусли, и они пророчествуют; и найдет на тебя Дух Господень, и ты будешь пророчествовать с ними и сделаешься иным человеком. Когда эти знамения сбудутся с тобою, тогда делай, что может рука твоя, ибо с тобою Бог. И ты пойди прежде меня в Галгал, куда и я приду к тебе для принесения всесожжений и мирных жертв; семь дней жди, доколе я не приду к тебе, и тогда укажу тебе, что тебе делать. Как скоро Саул обратился, чтоб идти от Самуила, Бог дал ему иное сердце, и сбылись все те знамения в тот же день. Когда пришли они к холму, вот встречается им сонм пророков, и сошел на него Дух Божий, и он пророчествовал среди них. Все знавшие его вчера и третьего дня, увидев, что он с пророками пророчествует, говорили в народе друг другу: что это сталось с сыном Кисовым? неужели и Саул во пророках?"

Таким образом, поклонение, восхваление, пение и танец дают возможность переключить ум на более глубокое осознание Божественного Духа и его потока внутри. Практикующий, однако, должен осознавать, где находится его ум и на чем он фокусируется во время этих действий. Если вы думаете об обеде во время богослужения, маловероятно, что вы входите в Божественный поток, который активируется через процесс подчинения своего разума Духу. Секретный ингредиент снова находится в Псалме 45:11, где говорится: "Остановитесь и познайте, что Я Бог".

Как упоминалось в этом руководстве, требуется немало практики, чтобы успокоить ум и полностью сосредоточиться на своей задаче. Не расстраивайтесь, если обнаружите, что ваш ум по-прежнему полон мыслей и рассеян даже после шести месяцев практики. Благодаря последовательности и терпению вы начнете приводить свой ум в необходимое состояние даже без того, чтобы остановить поток своих мыслей.

Как мы видели, у древних израильтян существовало множество разнообразных типов медитативных практик. Они содержат различные типы преднамеренной фокусировки и процессов. Важно помнить, что среди древних израильтян существовали различные виды медитации, которые позже нашли свое уникальное выражение в иудаизме. Если вы ищете простое начало, посмотрите приведенную ниже практику, которая работает в конкретном практическом аспекте медитации Хага.

Медитативное упражнение Хага: 10 минут

Найдите имя Бога, которое говорит с вами или вы чувствуете привлекает в данный момент. Например, возможно, Эль Рои, что переводится как "Бог, который видит меня". Вы можете делать это, сидя в тишине или пока готовите, едите, гуляете или моете посуду. Возьмите имя и повторяйте его снова и снова в уме. Но каждый раз, когда вы произносите это имя, ощущайте свою душу и свое тело, замечая, как ваши системы реагируют на это имя. Это ключ — позвольте своему сердцу открыться в благодарности и любви к имени. Почувствуй это. Позвольте ему проникнуть в каждую частичку вас. Вы можете делать это так долго, как вам нравится.

"Мы же все открытым лицем, как в зеркале,

взирая на славу Господню, преображаемся в тот же образ от славы в славу, как от Господня Духа".

2 Коринфянам 3:18

"Учитель! какая наибольшая заповедь в законе?

Иисус сказал ему: возлюби Господа Бога твоего всем сердцем твоим и всею душою твоею и всем разумением твоим:

сия есть первая и наибольшая заповедь;

вторая же подобная ей: возлюби ближнего твоего, как самого себя"

Матфея 22:36-39

5

РАННЕХРИСТИАНСКИЙ КОНТЕКСТ МЕДИТАЦИИ

Раннехристианская среда находилась под сильным влиянием эллинистической культуры, включая Стоиков, Эпикурейцев и Платонистов, у каждого из которых были идеальные практики созерцания или *теории*. Эта *теория* была не просто визионерской деятельностью, но той, в которой все то, как человек жил, вел себя и относился к миру и природе, становилось краеугольным камнем для осуществления его созерцательной практики. Оно должно было быть воплощено, чтобы стать реальным.[xxiii] Аспект созерцания, известный как *теория (theoria)*, однажды упоминается в Евангелиях в Луки 23:48, где распятие описывается как зрелище (*theoria*). Использование этого слова в Евангелии в этой конкретной сцене намекает на то, что распятие Иисуса Христа должно быть объектом божественного взора, способного коренным образом изменить образ жизни человека. Эта сцена должна стать поворотным моментом для тех, кто примет жизнь Христа внутри себя.

В начале первого века н. э. еврейский философ, известный как Филон Александрийский, который продолжал оказывать влияние на Евангелие от Иоанна, используя Логос, описывает все эти действия созерцателей в их эллинистически-иудейской общине:

"...тщательное исследование (*скепсис*), чтение (*анагнозис*), слушание (*акроазис*), внимание (*просохе*), самообладание (*енкратия*), медитация (*метлетай*), практика безразличия к безразличным вещам, лечение страстей, памятование о хороших дела, выполнение обязанностей...[xxiv]

Все эти действия были средством самореализации, в которой человек стремился освободиться от своего эго, чтобы достичь своего рода союза с Добром, Единым, Богом, космосом или самим Бытием.[xxv] Эти действия, как отмечает Филон, никогда не были утеряны, а были включены в обычаи отцов и матерей ранней церкви. Наиболее заметно и интенсивно они применялись в аскетических практиках отцов и матерей-пустынников четвертого века в Сирии, Египте, Турции и других местах. В дополнение к списку Филона, эти практикующие христиане сосредоточили внимание на жизни Иисуса Христа в своих размышлениях. Эти монахи своим созерцательным взглядом повторяли слова Павла во 2 Коринфянам 3:18:

"И мы, с открытыми лицами, отражающими, как зеркала, сияние Божества, все светлее, когда мы обращаемся в тот образ (*eikon*), который мы отражаем".

Слово "размышление", использованное в этом стихе, было переведено в латинской Вульгате как "созерцание" или "созерцание". Это значит взять наше внимание и сместить его, наблюдая за жизнью Христа и ее процессом преобразования самого нашего существа. Когда мы начинаем настраивать свое осознание, наша чувствительность к потоку Духа начинает усиливаться, и наши способы "знания" начинают меняться. Еще раз, можно понять причину созерцания иконы через этот стих как форму созерцания, практикуемую православными христианами.

Христианское созерцание — это не просто практика абстракции, но и та, которая подчеркивает поток личного общения. Как упоминалось ранее, в книгах Псалмов говорится: "Успокойтесь и *познайте*, что Я Бог". Слово Ядах (ידע), или процесс познания, напоминает читателю о необходимости единения . Это слово используется в Бытии для описания союза между Адамом и Евой, после которого у них родился ребенок. Конечно, я не пытаюсь предположить, что сексуальный союз с Богом является целью, а скорее направить душу к божественному союзу или притоку Духа, который присутствует внутри нее. Практика медитации и созерцания помогает уму и душе войти в покой , что позволяет ощутить и признать реалии союза.

Мы также должны спросить себя, на чем сосредоточено наше внимание. На ветхом человеке, ветхой греховной природе, распятой со Христом? Или мы сейчас не присутствуем с Духом Христовым, который обитает в нас? С Духом как объектом нашего взгляда мы участвуем в процессе очищения всего своего существа. В 1 Иоанна 3:3 говорится, что "всякий, имеющий на Него такую надежду, очищает себя, как он чист". Все эти виды деятельности участвуют в процессе *метанойи*, тайном ингредиенте воплощенной трансформации, согласно с посланием к Римлянам: "Преобразуйтесь обновлением (*метанойя*) ума вашего" (Рим. 12:2). Покаяние — это не просто извинение, а процесс изменения всей своей умственной деятельности и положения. Это невозможно сделать без сосредоточенности, дисциплины, практики и благодати. Практика медитации и осознанного внимания переучивает (*метанойя*) ум, чтобы реструктурировать или привить ему "разум Христа".

В 10-й главе Луки Иешуа объясняет, что нужно "любить ЯХВХ, Элохима твоего, всем сердцем твоим, и всею душою твоею, и всеми силами твоими и всем своим разумом; и возлюби ближнего твоего, как самого себя". Задумайтесь над этим вопросом: если ваш ум постоянно отвлекается и вы не можете усидеть на месте более 10 секунд, как вы вообще можете начать вступать в эту целеустремленный, медитативную жизнь, предписанную нашим Учителем? Нелегко войти в эту посвященную реальность, предписанную Иисусом, и именно в этом суть — Он хочет, чтобы вы попытались! И, пытаясь, вы начинаете наблюдать за собой и осознавать, что ваш ум постоянно работает, никогда не находится в состоянии покоя или легкости. Только после этого осознания вы сможете стать открытыми для превращения в сосуд мира. С этого момента признания, а затем сдачи вы начинаете искать Экологию Духа, которая со временем начнет проявлять свое присутствие. Есть много плодов этой Экологии, которых мы желаем, будь то сила, пророчество, исцеление, слова знания и другие чудеса. Но мы должны помнить, что призвание состоит в том, чтобы искать сначала Экологию Духа, тогда все это приложится к нам. Ибо когда в нас начинает зарождаться Экология, эти проявления становятся продуктом Божественного потока, наполняющего нашу жизнь.

Как обсуждалось ранее в отношении обычаев еврейских общин, частью которых был Филон, я призываю вас позволить всему в вашей жизни стать своего рода медитацией. Внимание, обучение, исследование, отношения и чтение — все это были активные части моих медитативных практик, которые способствовали моим преобразованиям. Хотите верьте, хотите нет, но в детстве я никогда не был лучшим учеником. На самом деле, я почти не читал и, наверное, в подростковом возрасте прочитал всего около пяти книг. У меня просто не было ни внимания, ни дисциплины, чтобы сесть и прочитать. Лишь около десяти лет назад я начал работать над собой духовно и смог открыть эту часть себя. Теперь я могу сидеть и читать по несколько сотен страниц в день, но это не произошло за одну ночь. Сосредоточенные медитации, обсуждаемые в этом руководстве, сыграли значительную роль в смещении моих нейронных связей, позволили увеличить выносливость и освободили место для поглощения больших объемов информации и концепций. Итак, не ограничивайте то, что, по вашему мнению, может повлечь за собой медитативная практика!

Помните приведенный выше список александрийских еврейских общин и то, как различные виды деятельности приносят пользу человеку в целом.

Упражнение "В поисках Экологии Духа": 10 минут.

Посидите спокойно пять минут. Следите за своими мыслями. Не связывайтесь с ними. Через пять минут или когда вы почувствуете, что приходите в покой, спросите Иисуса вслух: "Иисус, как выглядит Экология Духа? На что это похоже? Веди меня на пути к его открытию". Теперь расслабьтесь на несколько минут и направьте свое сердце на желание познать Экологию Духа. В этот момент ничего не должно произойти. Намерение установлено, и вы погружаетесь в царство тишины, где со временем появится Дух. Если что-то действительно происходит, будь то чувство или образ, просто наблюдайте за этим. После того, как оно пройдет или после нескольких минут сидения, сделайте глубокий вдох и скажите "спасибо".

""У Христа сейчас на земле нет тела, кроме твоего, нет рук, кроме твоих, нет ног, кроме твоих.

Ваши глаза – это глаза, которыми вы должны смотреть на сострадание Христа к миру;

Ваши ноги, которыми он должен ходить;

Вам принадлежат руки, которыми он должен благословить человечество сейчас".

- Святая Тереза Авильская.

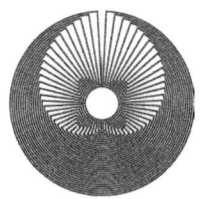

6

ПРЕДСТАВЛЯЕМ СЕНСОРИУМ И ТЕЛО

В следующей главе обсуждается то, что я назвал "сенсориумом", то есть способностям, которые связаны различными ощущенимия. Точно так же, как нос функционирует как орган обоняния, сенсориум представляет собой центр, в котором ощущается особое чувство. Наши уши, глаза, нос, рот и кожа являются частью коллективного телесного сенсориума. Обсуждая вопросы, относящиеся к сенсориуму смыслообразования, мы должны спросить себя: "Что такое ощущение?" И оттуда: "Что же тогда можно ощутить?" Ясно, что в разные периоды человечество ощущало мир или относилось к нему совершенно иначе, чем современные англо-европейцы сегодня. Некоторые предполагали, что это может быть связано с тем, что они не были так развиты или недостаточно развили свой ум, чтобы создавать различия и абстракции, которыми мы обладаем сегодня. Напротив, я придерживаюсь идеи, что различные культуры в мире раннего человечества — и некоторые из них до сегодняшнего дня, хотя и очень немногие — обладали определенными развитыми или унаследованными способностями, которые способствовали определенным отношениям и опыту мира, которые полностью отличались от существующих в современном обществе. Часть проблемы современного человечества, возможно, заключается в том, что мы склонны думать, что большинство людей на протяжении всей истории переживали человеческое существование одинаково. В самом деле, большинство из нас может признать, что существуют культурные и экологические различия, которые формируют различные ментальные среды, но мы склонны предполагать, что эти различия возникают либо из-за отсутствия развития, либо из-за того, что те, кто их переживает, просто попали в паутину наивного невежества. Мы забыли спросить об их основных восприятиях и переживаниях в мире, а также о том, как они осмысливают свою жизнь. Что, если они буквально воспринимали реальность по-другому из-за того, что в них были активны определенные чувственние способности?

Первое место сенсориума находится внутри тела. Да, тело! Здесь мы чувствуем, интуитивно ощущаем, строим и получаем информацию от Духа, когда она течет через нас, внутри и вокруг нас. Слишком многие из нас отвергали и игнорировали свое тело на протяжении многих лет и в результате закрыли один из самых невероятно мощных сосудов для слушания и слышания от Духа. Именно здесь, из нашего физического сенсориума, можно чувствовать, видеть и общаться с Духом, ангелами и энергиями. Позвольте мне выразить это очень просто: ваше тело — это антенна для духовных энергий и деятельности.

Чтобы начать понимать процесс соматического сенсориума, нужно сначала проанализировать и разложить на составляющие функциональность восприятия в наших телах. Прежде всего мы должны рассмотреть способности восприятия, поскольку это инструменты или органы, с помощью которых происходит процесс восприятия. Пять основных органов — нос, рот, уши, глаза и осязание. Конечно, эти органы представляют собой просто набор небольших частей, из которых построен каждый конкретный "инструмент", то есть радужная оболочка, зрачки, нервы или префронтальная зрительная кора. Все эти части вместе строят и направляют процесс "видения" в нашей биологической матрице. Эти части, которые вместе составляют каждую конкретную способность восприятия, связаны с нервной и лимбической системой наших тел, которые по существу создают объективную реальность воспринимаемой арены.

Во-вторых, в дополнение к нашим способностям к биологическому чувству у нас есть деятельность самого ощущения. Это процессы дыхания, осязания, еды, обоняния и осязания, в которых реализуется чувство. Это деятельность, производимая инструментами нашего восприятия, с помощью которых реализуется фактическое данное ощущаемого или делается "реальным".

В-третьих, у нас есть информационное поле того, что ощущается, или поле того, что содержит качество того, что будет ощущаться. Это, по существу, объективное данное, которое подавляет характеристики, которые получат чувства. Такие качества никогда не присущи самому объекту, а создаются множеством процессов отношений, которые, в свою очередь, создают воспринимаемое информационное поле. Мы видим это, например, в виноделии, где вкус определенного вина определяется целым рядом факторов: минералами в почве, сортами винограда, климатом и методами производства. Все эти реляционные факторы создают информационное поле, воспринимаемое нашими способностями.

Четвертый аспект — процессное замечание или переживание того, что ощущается. Это момент, когда наша реальность ощущается и, следовательно, наполняется и смещается самим чувством. Возьмем, к примеру, процесс дегустации. Когда человек не вкушает, он или она переживает реальность, которая содержит качество пустоты во рту. Обычно ощущение "пустого" рта остается незамеченным, и наше чувство вкуса игнорируется до тех пор, пока мы не положим что-нибудь в рот. В тот момент, когда мы ощущаем вкус объекта, который касается нашего языка, наше восприятие реальности меняется. Мы идем от дегустации к дегустации. И эта последняя дегустация производит качество опыта, который полностью перемещает вас в сам опыт. Попробовать, увидеть или понюхать что-либо означает проникнуть в свое существо, изменить его, информировать, переместить и полностью обновить характеристики. Ощущение само по себе производит качество опыта от одного момента движения к другому.

Далее идет пятый аспект, который представляет собой сверхъестественный процесс восприятия. После того, как мы ощутили объективные данные и испытали их, мы затем (обычно) проецируем данные о том, что мы почувствовали, на сам объект. Это становится закольцованным процессом, в котором мы получаем данные, одновременно проецируя индивидуальный опыт на сам объект, тем самым давая каждому объекту относительно обусловленный отклик на поле того, что ощущается. Именно в рамках этого процесса создаются ценности, создаются эмоции и развиваются восприятия, и это лишь некоторые из них.

Наконец, шестым аспектом остается процесс, с помощью которого мы сообщаем друг другу наши чувственные переживания. Трудно найти точную копию опыта у разных людей, потому что процесс, посредством которого воспринимаемые данные замечаются, отличается от человека к человеку. Например, можно было бы подумать, что вкус одной и той же курицы будет почти идентичным от человека к человеку, однако мы знаем, что это ощущается слегка — или резко — по-разному из-за биологических, процессуальных и предпочтительных различий внутри каждого человека.

Все вышеперечисленные процедуры восприятия обрисовывают в общих чертах основные процессы производства соматического опыта в состоянии бодрствования. Такие процессы могут и действительно смещаются в измененных состояниях, таких как сон и трансоподобные переживания, когда разум и тело пересекают новые измерения. То, как мы интерпретируем и воспринимаем наши чувства в наших физических телах, отражает то, как мы ощущаем и интерпретируем действия Духа. Проблемы, которые есть у многих из нас, отчасти связаны с тем, что мы так долго игнорировали свое тело, что закрыло множество "глаз", или нам еще предстоит активировать наши специфические органы сенсорного ввода. Представьте, если бы вы прожили всю свою жизнь с заткнутым носом и никогда не чувствовали, каково это пахнуть. Точно так же многие из нас ходят вслепую или отключили многие из наших аппаратов, поддерживающих связь с Духом. Одним словом, не бойтесь чувствовать — чувствуйте, чувствуйте, чувствуйте! Это основа Духовного прозрения. Даже Иешуа почувствовал, как энергия покинула его тело, когда женщина схватила его за одежду, потому что он был так настроен на свое собственное энергетическое поле, зная, что что-то покинуло его. Он достиг этого не видя, а чувствуя.

Говоря из личного опыта, я все время использую свое тело, чтобы ощущать и воспринимать различные типы энергий вокруг меня. Я прислушиваюсь к своему телу, когда впервые вхожу в какое-либо помещение или когда захожу в комнату. Я постоянно просматриваю его своим разумом в поисках тонких сдвигов или ощущений, которые я могу чувствовать, и того, как они могут сообщать мне о чем-то, что происходит вокруг меня. Я также использую свое тело, чтобы чувствовать Святого Духа и подключаться к осознанию присутствия, поскольку его можно ощущать физически в наших телах. Сначала этот процесс "чувствования" был мне чужд, но с практикой теперь он позволил мне пробудить мои интуитивные способности и ощутить метамиры вокруг меня. Не пренебрегайте своим телом — пусть оно станет великим сосудом для ощущения того, для чего оно было создано.

Говоря о теле, мы должны сначала отметить три основных центра, на которые возможно воздействовать и тонко настраивать посредством медитации с целью ощущения, интуиции и знания. Этими тремя центрами являются макушка головы (интеллектуальный центр), сердце (центр интуитивного образа) и желудок (эмоциональный центр). Теперь, прежде чем обсуждать следующие центры, я должен сказать, что сердце также является эмоциональным и интеллектуальным центром. Голова также является центром интуиции, а область желудка также является интеллектуальным и интуитивным центром. Дело не в том, что эти три центра в первую очередь работают только в пределах одного параметра — просто это их основные функции.

В медитации можно начать чувствовать свою голову умом. Как вы читаете это предложение, остановитесь на мгновение и пощупайте голову. Делайте это медленно. Мысленно медленно сканируйте верх, бока, заднюю и переднюю часть. Постарайтесь почувствовать внутреннюю часть и ощутить непосредственный центр вашего мозга. Обратите внимание на различные ощущения, возникающие при сканировании. Если вы ничего не чувствуете, ничего страшного — просто отметьте этот факт и примите к сведению. Со временем ваша чувствительность к этой области и ко многим областям вашего тела начнет возникать. Опять же, найдите время, чтобы визуализировать что-то. Где вы чувствуете наибольшее напряжение или приступ активности, когда визуализируете изображение? Примите это к сведению и продолжайте читать.

Теперь почувствуйте область сердца — на что она похожа? Что вы чувствуете в этой области? Что возникает в вашем уме, когда вы фокусируете свое внимание на этом месте? Теперь позвольте позитивному воспоминанию прийти вам в голову, когда вы сосредоточитесь на своем сердце. Что сейчас чувствует ваша область сердца? Есть ли у вас чувство радости и открытости или ощущение холода и замкнутости? Если это последнее, это нормально; теперь вы знаете, где ваше сердце. Если это последнее, уделяйте несколько минут каждый день, чтобы сосредоточить свое внимание на этой области и посмотреть, что привлекает ваше внимание. Затем обратитесь к своему сердцу и скажите: "Сердце, покажи мне, почему ты закрыто. Почему ты не чувствуешь? Давай работать вместе, чтобы открыть резервную копию. Пожалуйста, покажи мне во сне или хотя бы в мыслях первое, что ты хочешь мне показать. Спасибо, сердце". Снова начните обрабатывать своим телом — оно живое и слушается!

Что касается эмоционального центра в области кишечника, сделайте глубокий вдох и начните мысленно сканировать эту область. Что привлекает ваше внимание? Что вы чувствуете? Это мощная область, из которой можно черпать энергию, но она может истощиться из-за бессознательного стресса, которому мы каждый день подвергаем себя.

Так что найдите минутку, чтобы расслабиться и дышать животом. Дайте ему понять, что вы постараетесь лучше осознавать эмоции, которые вы несете в этой области. Можно много говорить об этих трех центрах и их работе, и на самом деле это могла бы быть совсем другая книга. Но на данный момент эти оперативные функции наиболее важны для понимания. Я рекомендую вам часто обращать внимание на эти области и ежедневно сканировать их в своих ежедневных медитативных процедурах.

Активация соматического сенсориума: 5 минут

Посидите спокойно две минуты. Успокойтесь. Успокоив себя еще на несколько мгновений, просканируйте свое тело мысленно. Начните с ног и медленно продвигайтесь вверх, к макушке головы. Обратите внимание на все различные напряжения или чувства, которые вы испытываете в своем теле. Пока вы сидите, нежно скажите вслух: "Святой Дух, покажи мне, каково это — чувствовать "да" внутри своего тела". Понаблюдайте за собой, обратите внимание на то, что вы чувствуете, и обратите внимание, есть ли какой-либо тонкий сдвиг, который вы сейчас чувствуете. Теперь снова мягко скажите: "Святой Дух, покажи мне, что это похоже на ощущение "нет" внутри моего тела". Снова наблюдайте за своим самочувствием, отмечайте любые тонкие сдвиги и повторяйте этот процесс.

Медитативное упражнение при ходьбе: 15 минут.

Выйдите на улицу и отправляйтесь в место, окруженное природой. Снимите свою обувь. Пройдитесь по земле. Медленно идите и вдыхайте на одном шаге и выдыхайте на следующем. Чередуйте вдохи и выдохи с шагами. Обратите внимание на движение вашего тела и на то, как земля ощущается под вашими ногами. Обратите внимание на то, как ваш разум и тело взаимодействуют друг с другом. Станьте чувствительным к процессу их взаимоотношений. Пусть медленная ходьба успокоит ваш разум.

"Пусть [практика созерцания] сделает свое дело,

и вы будете материалом, над которым она работает; просто смотрите, и пусть это будет. . .

вы просто будьте деревом, а практика пусть будет плотником".

- Облако незнания

7

НАЧАЛО ОСОЗНАННОЙ ЖИЗНИ И ЦЕНТРИРУЮЩАЯ МОЛИТВА

Когда вы начнете осознавать различные органы чувств внутри Души и Тела как связанные с Духом, возможно, одним из первых аспектов, которые вы заметите, будут различные действия, происходящие в вашем уме. Это аспект сознательной жизни во Христе, к которому нужно обратиться: арена поля коллективного сердца. Это поле является местом, где нужно культивировать осознание, чтобы можно было посеять правильные семена в свое существо. В этом поле коллективного сердца человек сеет семена собственных мыслей среди тех, которые он получил от своих родителей, общества, средств массовой информации, предков, школы, друзей, коллег и т. д. Практикуя осознанность в этом отношении, он помогает определить те семена внутри своего существа, которые необходимо взращивать, чтобы действительно помочь своему бытию. Со временем, по мере того как мы учимся взращивать правильные семена нашего бытия, трансформация происходит во всех сферах жизни.

То, как мы взращиваем эти семена, определяет качество или природу переживаний нашего бытия. Это не означает, что человек не будет подвергаться испытаниям или страданиям, а скорее то, что семена прорастают или проявляют свое истинное качество, когда происходят эти события. Чем больше мы преобразовываем нашу горечь, гнев, обиду, привязанности, ненависть и не прощение в семена свободы, радости, благодарности и невозмутимости, тем больше наше существо будет излучать небесную Экологию Духа. Экология Духа — это доступная реальность для всех в каждое мгновение, и требуется всего лишь простая настройка ума, чтобы сосредоточиться на одном из этих животворящих семян или аспекте Божественного присутствия. Семя этой экологии присутствует внутри нас посредством разума Христа, который существует внутри нас как помазанный аспект сознания, полностью любящий, свободный и самоотверженный. Хотя оно свободно доступно, оно должно быть реализовано, взращено и доведено до уровня осознания, чтобы аспекты его деятельности могли актуализироваться.

Можно думать об этом поле сердца как о месте, откуда человек черпает свои мысли и куда он направляет свои мысли. Если кто-то постоянно думает негативно или представляет себе ужасные вещи, совершаемые с другим из-за гнева и ненависти, это посеет в поле сердца некое качество реальности, которое со временем может заставить человека действовать в соответствии с тем, что он постоянно сеет. Именно по этой причине во втором послании к Коринфянам 10:5 говорится: "Мы ниспровергаем замыслы и всякое превозношение, восстающее против познания Божия, и пленяем всякое помышление в послушание Христу". Но первый шаг, как мы уже обсуждали, — это осознать, о чем вы думаете, осознать эмоции, которые вы несете. Ибо только когда вы начинаете наблюдать за собой, у вас есть сила перевести свой ум в сознательный момент общения с разумом Христа. Старайтесь обращать внимание и наблюдать за тем, что вы думаете, говорите и делаете. Когда вы находитесь в таких медитативных практиках, наблюдайте, чувствуйте, интуитивно и, прежде всего, не бойтесь того, что вы можете обнаружить внутри. Некоторые из них могут быть плодом каких-то плохих семян, но это нормально! Жизнь Божественного Присутствия и Экология Духа еще глубже, и ее свет скоро воссияет, когда вы перенесете свое осознание внутрь.

Другие способы осознать свои мысли — это традиционные христианские духовные практики, такие как центрирующая молитва. Центрирующая молитва вновь появилась в 1970-х годах и за последние десятилетия приобрела популярность в определенных течениях христианства. Если вас заинтересовал этот путь и вы хотели бы узнать больше об этой практике, я рекомендую прекрасную книгу Синтии Буржо "Центрирующая молитва и внутреннее пробуждение". Проще говоря, практика центрирующей молитвы предполагает время, когда мы спокойно сидим и обращаем внимание на наши мысли и промежутки между ними. Практикующие постоянно возвращают свое осознание в спокойное место наблюдения. Советуют никогда не связываться со своими мыслями и не следовать за ними, а просто наблюдать за их течением. Посредством действия, возвращающегося к осознанию наблюдения или наблюдения, человек "центрирует" себя и открывается для общения с Духом. Со временем из эту практику Дух начинает проявляться когда мы находимся в состоянии спокойного наблюдения.

Молитвенное упражнение "Центрирование": 20 минут.

Найдите место, где можно спокойно посидеть минут пятнадцать. Убедитесь, что вы сидите прямо, ноги на полу.

Мягко перенесите внимание на свои мысли и разум. Обратите внимание, о чем вы думаете. Обратите внимание, что ваш разум, скорее всего, работает и думает, как и большую часть времени. Не связывайте себя с мыслями. Просто расслабьтесь и наблюдайте, как они текут мимо. Если вы обнаружите, что увлеклись своими мыслями, просто вернитесь к осознанию того, что вы просто наблюдаете за ними. Просканируйте свое тело, обратите внимание на то, как вы себя чувствуете, опять же, не связывайтесь ни с каким чувством. Просто наблюдайте и возвращайтесь к "наблюдателю", наблюдающему и чувствующему.

"Я не знаю другого Христианства и другого Евангелия, кроме свободы тела и разума применять Божественное Искусство

Воображения.

Я не отдыхаю от моей великой задачи! Чтобы открыть Вечные Миры, чтобы открыть бессмертные Очи Человечества.

Вовнутрь в Миры Мысли; В вечность, постоянно расширяющуюся. В Лоне Бога, Человеческом Воображении".

- Уильям Блейк

8

СЕНСОРИУМ ОБРАЗОВ

Представления о сенсориуме образов и его функциях, обсуждаемые в этой главе, возникли в результате десятилетнего процесса ежедневной практики. Его процессы и использование необходимы для различных типов эмоциональной, духовной и интеллектуальной практик, которые я использую изо дня в день. Жизненно важно, чтобы это сенсориум был пробужден и приведен в сознательное понимание, если вы хотите погружаться в более глубокие аспекты медитации.

То, что многие называют воображением, я называю сенсориумом образов, который выполняет две основные функции: образную и визионерскую. Любая деятельность в сердце-разуме, представляющая собой построенный или сознательно сконструированный образ, является деятельностью образной, посредством сердечного центра. Напротив, любая деятельность, которая пассивно переживается или раскрывается, относится к визионерской. Эти две функции, конечно, смешиваются и формируют процессы, которые служат проводниками трансперсональной коммуникации. Это арена ума, которая позволяет передачу информации как личной, так и космической в ощущениях и образах. Сенсориум образов — это не только то, что человек делает со своим сердцем-разумом, но и то самое место, откуда он черпает вдохновение, общение, трансцендентность, имманентность, видение, информацию, откровение и творение. Это великий приемник царств небесных миров.

Часто те, кто использует терминологию о "вознесении" или "восхождении на небеса" или любую другую терминологию, используемую при обсуждении мистической практики, обычно имеют ввиду методологии, которые требуют использования творческого ментального создания образов в сердце-разуме. То, что многие активируют при выполнении этих действий, является образным, поскольку это процесс, посредством которого человек вписывает образ или мир в свой сердечный разум, чтобы получить доступ к определенным типовым проявлениям коллективного разума или Духа. Например, когда кто-то говорит: "Пойдите в сад" и рассказывает вам подробности его образов, это задействует образные аспекты нашего творческого сердечного ума, поскольку воспринимается нами через типовую информацию. Преимущества образов легко получить, если смешать пассивную открытость с видением, чтобы открыть поток откровения. Если человек знает, как это сделать, то эта деятельность становится полезной в ряде сфер жизни:

Обеспечивает сознательный доступ к разуму Божественного

Создает пространство для Духа Иисуса Христа, чтобы войти в деятельность Души в отношениях.

Открывает дверь возможностей для ангельских отношений

Трудность использования только образных процессов заключается в том, что можно подумать, что они на самом деле находятся на небесах, тогда как на самом деле они находятся в самосотворенном мире, который течет с Божественным присутствием изнутри нас самих. В некотором смысле этот мир дополняет вложенные пространственные возможности небес, но коллективный семейный мир, который мы называем "небеса" — это не самосотворенное пространство. Это скорее мир, в который человек вливается через открытость Божественному Духу. Доступ к нему осуществляется только через отречение или через экстатические возвышения при созерцании Божественного Присутствия. Я никоим образом не против создания этих внутренних пространств. На самом деле они жизненно важны, потому что выступают в роли информационных пространств, с которыми люди взаимодействуют или же за которыми наблюдают. В процессе структурирования образного мира человек приглашается в таинственные глубины собственного бытия, как реального, так и потенциального.

Более того, образы — это ворота к глубоким осознаниям, исцелению, прозрению и общению. Один из способов получить некоторые из этих глубоких преимуществ состоит в том, чтобы подчинить свое сердце-разум Духу после входа в эти пространства. Скажем, человек разговаривает с Иисусом в своем воображении, то есть вы сами создаете образ Иисуса в своем образном сенсориуме. Для того, чтобы откровенная информация текла, нужно сочетать образы с пассивными моментами связи. Другими словами, нужно научиться приостанавливать самопорожденный, активный сердечный ум, чтобы можно было обойти сознательный ум и эго, насколько это возможно. Это позволяет полученным словам или информации выйти за пределы изолированного "разговора с самим собой" и вместо этого открывает возможность для Божественного разума общаться и раскрываться посредством использования образной работы. Это требует, чтобы человек расположил свой сердечный разум в спокойном месте, отдал сердечный ум, чтобы быть открытым для приема слов, которые спонтанно рождаются в сердце-разуме посредством Духа. Опять же, важным ключом здесь является способность центрировать себя, успокоить ум и мягко открыть свое сердце, чтобы можно было ощутить Дух.

Образы являются центральной и одной из наиболее часто используемых техник многими в новых христианских мистических движениях, однако многим часто не хватает понимания того, что происходит в их практиках. Многие из этих движений верят, что процесс "вступления на небеса" является формой небесного вознесения и в некотором смысле может быть таковым, поскольку вера, порожденная в этот момент, действительно высвобождает активность и присутствие Духа. Однако, если кто-то хочет работать исключительно с позиции образа, тогда я рекомендую ему провести много часов намеренной фокусировки на своих образах, потому что, когда образ удерживается в воображении или выгравирован в сенсориуме изображения в течение длительного времени, начинают проявляться вдохновение, откровение, трансформация. Перенос может стать настолько интенсивным, что может возникнуть реальная связь или отношения, и реальность этого мира может проявиться в сфере вашего сознания.

Когда мы активно представляем Экологию Неба в образе-сенсориуме, мы пробуждаем врожденную гармоническую человеческую возможность, дремлющую в ткани эроса Духа. Такая деятельность перемещает индивидуума в архетипические космические ландшафты, населенные собственной личной матрицей персонажей, как созданных им самим, так и трансперсональных, таких как ангелы, облако свидетелей и так далее. Такие персонажи могут использовать сенсориум образов для общения и трансформации. Кроме того, эти самосотворенные миры могут функционировать как мир сновидений в том смысле, что они могут быть мгновенно уничтожены по собственной воле так же быстро, как и созданы. Это часть красоты и силы возможностей сенсориума образов.

Бывают также времена, когда нужно разрушить и перестроить свой внутренний мир в соответствии с вдохновляющим руководством Святого Духа. Именно в этом танце духа увеличивается масштаб каждого мирского творения. В своем творении и своей деконструкции, возвращаясь в воды потенциала, такие процессы ассимиляции и диссимиляции позволяют Духу привносить постоянно усиливающееся осознание и единение со своей жизнью, любовью, активностью и откровением.

Следует ли использовать инструмент образов с осторожностью? Конечно, как и в случае с любым духовным инструментом. Именно с этим инструментом можно легко попасться в заблуждении или фантазии, которые являются не чем иным, как образами, полностью основанными на эгоистических и эгоцентричных интересах. Они не ищут вдохновения вне себя и возникают, когда человек неверно представляет процесс или мир, который видит. Если это самосотворенный мир, то нужно просто осознать, что это самосотворенный мир. Если это самосотворенный мир, стремящийся к собственной трансформации, то это именно то, что нужно. Фантазия возникает, когда кто-то приукрашивает, искажает характеристики или использует то, что он видит или создает, для получения эгоистической силы. Фантазии также могут возникать из наших потребностей, то есть сексуальных, профессиональных или даже духовных. Что касается заблуждения, то трудно сказать, что является заблуждением, поскольку каждый человек несет в себе частичное видение, если только его ум не полностью ясен. Важно то, как мы характеризуем информацию. Фантазия обычно удовлетворяет эгоистичные желания и расцветает, когда человек ищет собственной славы. Но оно не является исключительно негативным, поскольку потенциально может выявить области, в которых человек чувствует себя нелюбимым или обесцененным, что дает возможность для осознания и интеграции. Он также может проявляться как бессознательное место для ментального удовлетворения потребностей, которые могут быть вызваны травмой или отсутствием ясности Присутствия. Более того, это может быть своего рода самокоммуникация или пространство для саморефлексии, в котором человек получает представление о своих умственных и эмоциональных потребностях. Иногда можно сознательно погрузиться в фантазию, чтобы обрести уверенность или увидеть области, в которых нужно заняться негативными тенденциями. Можно также войти в это пространство, чтобы поддерживать обнадеживающее и декларативное видение своей победоносной жизни, которое при этом не будет чистым вымыслом.

Самый эффективный способ "вознестись", "спуститься" или перейти в миры, созданные не самим собой, — это войти в деятельность видений. Визионерство — это процесс, в котором человек сидит и наблюдает, как разворачивается ум. Когда большинство людей закроют глаза, они не увидят ничего, кроме тьмы или, может быть, некоторых цветовых пятен здесь и там. Затем они часто становятся беспокойными и начинают создавать образы в своей голове, например, библиотеку или большой город, а затем отправляются их исследовать. Опять же, это абсолютно нормально, но нужно осознавать, что они входят в архетипический информационный центр, который, безусловно, обладает способностью течь с Божественным присутствием. Сидеть и ждать или будоражить ум экстатичным сосредоточенным поклонением, напротив, сразу нелегко. Это требует сосредоточенности, дисциплины и готовности идти до конца. Что же происходит, однако, когда человек, наконец, преодолевает порог, так это перспективы и миры за пределами воображения, которые начинают наводнять внутренний взор ума. В такие моменты нужно только отступить, расслабиться и посмотреть. Может быть трудно не хотеть вмешаться и отклонить процесс по собственной воле, хотя бывают случаи, когда это открывается. Тем не менее, я рекомендую, чтобы, когда это все-таки происходит, человек откинулся на спинку кресла и позволил визионерскому опыту раскрыться. Пассивное визионерство или модель "безмолвия" — одна из самых трудных вещей для жителей Запада. В моей собственной практике вначале я обнаружил, что это чрезвычайно сложно, и мне потребовалось много лет, чтобы научиться получать от этого удовольствие. Но если вы сможете изменить себя, чтобы не "прыгать с места", процесс вознесения посредством Духа откроется вам совершенно новыми способами.

Еще одна вещь, от которой я мог бы предостеречь, — это привязанность к экстраординарным переживаниям. Одна из тенденций, которую я заметил в новых христианских мистических движениях, заключается в том, что многие ожидают исключительных и экстраординарных переживаний каждый раз, когда садятся за стол. То, что производит это нереалистичное ожидание, — это нетерпение и разочарование, когда пассивные образы не наполняются. Есть много дней, когда я просиживал по несколько часов, и за это время практически ничего невероятного не происходило. Но в процессе и в самой практике я меняю и уравновешиваю свои эмоции и сердце и ухожу полностью освеженным после пребывания в Присутствии. Если вы сможете понять эту часть пути на раннем этапе, вы избавите себя от бремени разочарования и желания бросить курить. Опыт придет, уверяю вас. И если вы проявите терпение и полюбите этот процесс, искренне наслаждаясь сидением в умиротворяющем присутствии Духа, вам будут показаны вещи, превосходящие все, что вы когда-либо могли выразить словами. Это, конечно, означает, что человек должен быть знаком с опытом безмолвия. Один из моих любимых христианских монахов и настоящий мастер медитативного образа жизни Святой Исаак, сирийский христианский монах 7 века. Он сочинил следующие прекрасные проповеди о молчании:

1. "Что такое полив для растений, то же самое, что постоянное молчание для роста духовного знания".

2. "Молчание — тайна грядущего века, а слова — инструменты этого мира".

3. "Истинная мудрость — это взирать на Бога. Созерцание Бога есть безмолвие мыслей".[xxvi]

Чтобы шагнуть в визионерство, нужно быть открытым для активности неподвижности безмолвия. Когда человек начинает погружаться в таинственные глубины вечно раскрывающегося присутствия Божественного, он замечает, что чем глубже он погружается, тем более безмолвным он становится. Молчание — это не характеристика бессознательного поведения, а отдых в природе своего единения со Христом. Это проявляется в успокоении и умиротворении ума. Это видно в открытости сердца к работе Духа. Это видно в бескорыстных актах восстановительных действий. Когда вы начнете погружаться в безмолвие, пусть оно направит вас в глубины вашей души, где бьет Источник Жизни. Именно здесь человек начинает созерцать блаженный свет немеркнущего Присутствия Духа. Не бойтесь тишины и не сопротивляйтесь ее возникновению, а скорее приветствуйте ее успокаивающее прикосновение, чтобы расширить свое осознание. Здесь начинает проявляться визионерство, снова напоминая нам о том, что нельзя привязываться к тому, что мы переживаем. Чем больше вы открываете себя Духу и пассивно наблюдаете, тем дольше и интенсивнее может происходить деятельность видений в сенсориуме образов.

Что касается медитативных практик, что они делают для вас в отношении визионерской и воображаемой деятельности?

- Позволяют усилить зрительный прием

- Со временем, созданные образы могут стать ярче

- Позволяют почувствовать и распознать, какой тип образа "приходит"

- Помогают в развитии "чувств"

- Формируют осознание органа, который ощущает появление или исчезновение образа, чтобы понять, какой тип образа представлен

- Создают чувствительность к себе, которая приносит осознание себя в момент поиска откровения.

- Развивают чувствительность к проницательности, которая со временем может стать быстрой, как рефлекс, поскольку использует чувства в качестве основного канала.

- Приносят осознание наших тонких тел и их деятельности, что позволяет нам использовать воображение как инструмент для навигации по этим сферам и влияния на их действия.

- Притягивают нас к тишине, чтобы создать сосуд для трансформации и возможностей в рамках воображаемых практик.

- Позволяют нам проснуться, быть честными и ясно видеть себя, что, в свою очередь, позволяет нам лучше видеть Дух. Как сказал Иешуа: "Блаженны чистые сердцем, ибо они Бога узрят" (Мф. 5:8).

В общем, что является центром образа-сенсориума?

1. Центр создания изображения (воображаемого) и приема изображения (зрительного)

2. Устройство связи:

   • Способность к знанию

   • Способность к преобразованию

   • Способность к созиданию

   • Способность к пробуждению

Ключ к задействованию сенсориума образов — дать себе пространство, чтобы знать, когда вы проецируете или сами создаете образы. Опять же, самотворчество не обязательно является отрицательной или положительной деятельностью сенсориума образов. И образы, и визионерство имеют свои функции и работают рука об руку. Например, когда вы движимы какой-либо целью или стремитесь создать связь, используйте образы. С другой стороны, при поиске информации попробуйте использовать визионерство или образы с пассивностью визионера.

В заключение важно отметить, что это не полностью отдельные функции. Они всегда присутствуют и работают вместе в сенсориуме образов. Если вы ищете встречи с Иисусом и использовали образный процесс, чтобы создать образ Его формы в вашем образном сенсориуме, следующим шагом будет остановить проекцию ваших мыслей на Него и вместо этого начать пассивно слушать, войти в безмолвие или видение и позволить Духу говорить. Это требует времени и практики, но на самом деле является ключом к тому, чтобы воображаемое ожило и стало чем-то, что может обойти эго. Медитация может настроить наше восприятие и осознание, чтобы осознавать, когда эти определенные процессы происходят внутри нас. Это позволяет нам точно настроить этот аппарат, чтобы позволить Святому Духу дать нам видение мира, заново очарованного непреходящим присутствием Божественного.

Воображаемое упражнение: 15 минут

Сядьте или лягте, убедившись, что вы бодрствуете и сидите прямо или что ваша спина плашмя на земле. Это делается для того, чтобы поток энергии не ограничивался внутри вашего тела. Сделайте несколько глубоких вдохов и начните расслаблять тело. Проделав это несколько раз, сделайте глубокий вдох и представьте, как свет проникает в ваше сердце. Снова, после нескольких вдохов и вдохов света в вашем сердце, представьте, что Иисус сидит в центре вашего сердца. Он сияющий, полный света и любви. С каждым вздохом Иисус становится все ярче и ярче, и Его свет начинает расширяться. Пусть ваше тело почувствует распространение света в вашем сердце. Обратите внимание, как ваш разум взаимодействует с этим. Продолжайте дышать, пока свет не начнет переливаться через все ваше тело, каждую клетку. Не нужно стремиться, просто позвольте этому течь и расширяться. Теперь вы присутствуете с Его светом. Пауза и отдых.

"Но что теперь означает вхождение Моисея во тьму и видение Божественного, которым

он наслаждался?…Но по мере того, как душа продвигается вперед и благодаря большему и более совершенному сосредоточению приходит к пониманию того, что есть познание истины, чем больше он приближается к этому видению, и тем больше он видит, что божественная природа невидима. Таким образом, он оставляет все явления поверхностного уровня не только

те, которые могут быть восприняты органами чувств, но все те, которые, по-видимому, видит сам ум, и он продолжает

углубляясь, пока действием Духа не проникнет в невидимое и непостижимое, и именно там увидит Божественное."

- Григорий Нисский, Жизнь Моисея

9

АПОФАТИЧЕСКИЙ ЭКСТАЗ

Другая христианская медитативная практика сосредоточена на апофатической вовлеченности. Апофазис — это греческое слово, обозначающее "нет" или приверженность типу отрицания. Среди прочих есть два выдающихся христианских мистика, которые использовали эту технику, чтобы вознестись или сойти в глубины Духа. В конце пятого и начале шестого веков н. э. Псевдо-Дионисий из Ареопагита был первым, кто популяризировал и привлек внимание к этой технике и процессу христианского мистического участия, которые позже оказали влияние на многих величайших мистиков и богословов в Церкви.[xxvii] Второй основной вклад в этот тип мистического медитативного взаимодействия внес анонимный автор средневекового текста *Облако неведения*. Как было сказано во введении, я не буду раскрывать в этой книге все различные значения этих мистических текстов и подходов. Но для тех, кто заинтересован в изучении этих подходов, я рекомендую начать с *"Облако неведения"* и великолепными мистическими произведениями Псевдо-Дионисия, Мейстера Экхарта и святого Григория Нисского.

Для меня эта практика казалась довольно чуждой в первые несколько раз, когда я ею занимался. Временами это даже казалось кощунственным и скандальным! Но с настойчивостью я стал свидетелем различных прорывов в моих отношениях с Божественным. Старые, нездоровые представления о том, как я думал о Духе, быстро начали исчезать. Благодаря этой технике мне стало очевидным то, как я построил свой образ Божества своим собственным сердцем. Через процесс радикальной деконструкции апофатического пути я смог открыть новые возможности и концепции Духа, которые теперь позволяют мне не только относиться к Божественному более здоровым образом, но и демонтировать лежащие в основе ограничивающие мыслительные процессы. В результате мое сердце-разум смогло расшириться способами, о которых я даже не подозревал.

Апофатический метод действует таким образом, что он отрицает все типы образов и характеристик, которые можно приписать Божественному. xxviii Следующий отрывок из *"Облака неведения"* демонстрирует, как выглядит этот процесс во время созерцательных практик:

"И если какая-либо мысль поднимется и будет хотеть вторгнуться над вами, между вами и той тьмой, и спросит вас: "Чего вы ищете и что хотите иметь?", скажите, что вы хотите иметь Бога: "Я хочу его, я ищу его и ничего, кроме него". и скажите, что вы не понимаете его. И посему скажи: "Спустись обратно" и твердо, но с любовью, убери эту мысль, хотя бы она и казалась тебе самой святой и как бы помогла тебе искать Бога". xxix

Описанный процесс основан на отрицании или отвержении различных аспектов, приписываемых Божеству. Он не полностью выражен таким образом, чтобы чтобы удалить существование Бога из наших мыслей, но чтобы напомнить себе, что мы никогда не имеем совершенно ясного представления о Духе. В приведенном ниже отрывке средневековый мистик и современник автора "Облака" Сен-Дени объясняет свое понимание апофазиса, подробно описанного в "Облаке неведения":

"И тогда, восходя и начиная отрицать и отвергать с высших понятий, мы утверждаем, что он не душа и не ангел, и не имеет ни воображения, ни мнения, ни разума, ни понимания; также он не является разумом или пониманием; его не говорят и не понимают. И – переходя от этих высших понятий промежуточными ступенями к низшим понятиям – он не есть число, или порядок, или величие, или малость, или равенство, или подобие, или непохожесть; он не стоит, не двигается, не молчит и не говорит. И — чтобы возвратиться промежуточными ступенями к высшим вещам и положить конец нашим отрицаниям на высшем, — мы говорим, что он не имеет силы, ни является силой, ни светом, ни живет, не есть жизнь, ни субстанция, ни возраст или время, и нет с ним какого-либо умопостигаемого контакта, и он не есть знание, или истина, или царствование, или мудрость, или единое, или единство, или Божество, или благость; и он не является духом согласно нашему пониманию духа; ни сыном, ни отцом, ни кем-либо другим, известным нам или всему существующему; и он не является ни тем, что не существует, ни тем, что существует; ни одна из известных вещей не знает его таким, какой он есть; и он не знает вещей, которые существуют, как они есть сами по себе, но как они есть в нем; и нет никаких средств приблизиться к нему разумом или пониманием; у него нет имени; о нем ничего не известно; он ни тьма, ни свет, ни заблуждение, ни истина; и, в общем, он не может быть подтвержден или отвергнут, но когда мы приписываем посредством утверждения или удаляем посредством отрицания некоторые или все вещи, которые не являются им самим, мы не можем ни постулировать, ни отрицать его, ни каким-либо вразумительным образом утверждать или отрицать его. Ибо совершенная и единственная Причина всех вещей неизбежно должна быть лишена возможности сравнению с наивысшей высотой и быть выше любого предположения и отрицания.

И его непостижимая трансцендентность непостижимо выше всякого утверждения и отрицания".[xxx]

В отрывке выше можно увидеть явное отрицание ряда атрибутов, которые часто приписываются Божественному. И в этом нет ничего плохого — это созерцательное упражнение! Для человека, который никогда не занимался подобным процессом отрицания всех атрибутов, приписываемых Божеству, это может показаться довольно экстремальным, грубым или раздражающим. Этот подход состоит не в том, чтобы отрицать существование Божественного, а в том, чтобы признать, что представление о Божественном — будь то любовь, мудрость или знание — далеко не соответствует его действительности в отношении того, как оно познается Божественным. Именно через это отделение от своих представлений о Божестве можно затем получить обновленное осознание Божества, которое заменит предыдущие концепции. Такой подход позволяет вам постоянно находиться в потоке и воспринимать Божественное таким образом, чтобы не попасть в ловушку статической концепции или "идола". Отрицание создает пространство, похожее на утробу, в которую может прийти Дух и проявиться таким усиленным образом, который бы разрушил прежние концепции. Некоторым подобная практика может казаться зыбкой, скучной и хаотичной, но отказ от своих представлений о Божественном на мгновение (помните, это не навсегда — это делается в преднамеренной практике) может позволить Духу породить открытый сосуд для трансформации, открывающий новые творческие возможности.

Апофатическая медитация для начинающих: 10 минут

Посидите спокойно некоторое время и сделайте несколько глубоких вдохов. Доведите до вашего сознания образ Иешуа. Мягко скажите вслух: "Иешуа, я отбросил все предвзятые представления о том, как ты выглядишь физически. Веди меня к твоей природе в Духе". Чувствуйте, дышите и смотрите внутрь. Если что-то возникнет, скажите: "Я знаю ты не совсем такой", — отпусти это и мягко скажи: "Покажи мне больше". Посидев в течение десяти минут, позволяя вещам возникать и исчезать, подумайте об образе Иешуа в своем уме и скажите: "Спасибо, что показал мне, что Ты намного больше, чем все, что я мог себе представить или представить".

"Божественное под вами,

Божественное перед вами,

Божественное под вами,

Божественное над вами,

Божественное внутри вас".

- Святой Патрик

10

БУДЬТЕ ПРИСУТСТВУЮЩИМ В НАСТОЯЩЕМ

Часть того, чего не хватает в христианской практике, — это признание момента или "сейчас". Этот термин, конечно, проник в массовую культуру и стал чем-то вроде универсальной мантры, но он по-прежнему остается истиной, которая, если сосредоточиться на ней, становится вратами к истинному пробуждению своего бытия. Это оживляет душу и воссоединяет человека с осознанием того, что он существует. Это помещает человека в пространство осознания того, что он жив, дышит, думает и движется. Мягкое напоминание об этом факте позволяет осознать свое текущее состояние или сбалансировать свои внутренние ощущения. Эта осознанность и есть "пробуждение", приводящее к простому самопознанию своего существования, красоты, хрупкости и силы. Жить — это потрясающе. Это вызывает бесконечное количество вопросов, самоанализа и невыразимых ощущений. И именно такая рефлексия, это простое осознание открывает дверь притоку Божественного присутствия. Ибо именно в этот момент "сейчас", который течет в нас мыслью, как река, Божественное существует, пронизывает и опьяняет нашу активность бытия. "Сейчас" приглашает нас в Экологию Духа, которая движется и действует в процессе проживания момента. Я должен добавить, что момент, который мы переживаем как "сейчас", на самом деле не является "сейчас", а просто мгновенным отражением момента, который быстро прошел. Мы живем не в атомизации времени, а в вечном потоке, который движется в настоящее время в постоянно разворачивающихся, непрерывных моментах, которые мы переживаем как "сейчас".

Один из самых простых способов увеличить продолжительность жизни — это практиковать присутствие в данный момент. Если мы постоянно проживаем нашу повседневную жизнь на автопилоте или в своем уме, будь то в прошлом или будущем, мы не получаем преимущества присутствия в настоящем моменте. Вместо этого мы проживаем нашу жизнь, подобную той, которую мы переживаем во сне. Если мы будем жить так, мы никогда не станем настоящими. Это приводит к тому, что мы попадаем в ловушки нашего разума, которые никогда не позволяют нам присутствовать и быть открытыми для моментов, в которые мы живем. Быть живым означает сначала осознать, что ты жив, а затем осознать реальность этого момента. Чтобы быть в контакте с этим живым присутствием в данный момент, нужно, наконец, начать просыпаться: "Проснись, о спящий, и встань от своего сна". Присутствие позволяет войти в контакт со своим телом, эмоциями, Духом и потоком жизни. Это возвращает разум к реальности и из мира фантазий. Вернуть разум в настоящий момент — непростая задача, но если кто-то может потратить время на то, чтобы вернуть его обратно, преимущества вскоре проявятся, поскольку он вернется как Душа к общению с Духом.

На протяжении наших дней мы участвуем во множестве мероприятий, частью которых мы не можем не быть. Лишь немногие призваны в монахи и монахини. Так что же нам делать со всеми этими видами деятельности в нашей жизни? Мы должны участвовать в бытии, а не в делании. Если вы уделите время своей деятельности, чтобы осознать, что вы здесь, присутствуете и живы, вы начнете пробуждаться от автопилота. Например, предположим, что вы готовите. Найдите минутку, чтобы почувствовать деревянную ложку. Обратите внимание на то, как он ощущается в вашей руке, и действительно посмотрите на ее цвета. Обратите внимание на все детали овощей, которые вы нарезаете. Обратите внимание на различное давление, которое требуется, чтобы прорезать каждый тип. Найдите минутку, чтобы понюхать, по-настоящему понюхать то, что вы готовите. Обратите внимание на каждый тип аромата, который возникает благодаря аромату. Если ваши дети бегают, запомните этот момент, ведь так не будет всегда. Но в этот момент их голоса, шаги, запахи — все они здесь, полностью присутствуют. Многие из вас могут сказать: "Да, да! Я сделал это! В моей жизни были такие моменты, когда я говорил: "Я всегда буду помнить этот момент". Это действительно момент, когда вы начинаете пробуждаться от автопилота и по-настоящему присутствуете в этом моменте. На самом деле, большинство наших воспоминаний — это моменты, в которых мы полностью присутствовали. Правда в том, что мы можем жить все время в настоящем, как в эти мимолетные моменты, пробуждаясь снова и снова.

В повседневной жизни у нас есть задачи, работа по дому, люди, которых нужно посетить, шум, работа, поездки на работу и развлечения, которые привлекают наше внимание, энергию и присутствие. Ничто из этого не является плохим по своей сути, а просто является состоянием нашего мира в настоящее время и частью песни и танца нашего воплощения в этом веке. Вся занятость мешает человеку войти в поток замедления, успокоения и открытия себя для Духа. Из-за этого наш разум постоянно работает, и мы редко делаем вдох, чтобы просто присутствовать и открываться моменту, в котором мы живем. Может быть трудно остановиться, посмотреть на небо, открыть свое сердце для благодарности и успокоиться хотя бы только на мгновение. Если оставить в стороне все эти трудности, если мы начнем развивать внутренний будильник или звонок, который будет будить нас в нужный момент несколько раз в день — образно или буквально, — мы начнем углублять чувство соприкосновения с самими собой, землею, нашим сердцем, нашими семьями и Духом.

Как мы неоднократно возвращались в этом руководстве, книга Псалмов подчеркивает эту реальность в своем утверждении: "Остановитесь и познайте, что Я — Бог" (Псалом 45:11). Благодаря нашей практике тишины и смещению нашего фокуса на присутствие Духа, который всегда присутствует здесь и сейчас, мы начинаем перенастраивать наше осознание и смотреть на Божественное. Со временем эта перенастройка начинает изменять наши модели мышления, поведения, эмоции и, вообще, взгляд на мир. Что может быть лучше, чем сейчас, чтобы вновь пробудить в нас чувство связи с миром и даром жизни, данным нам всем?

Важно отметить, что наше движение к присутствию в настоящем не всегда будет легким или будет вести нас к положительным эмоциям. Мы можем чувствовать глубокую боль или страдание или нуждаться в катарсическом плаче. Многим людям может быть тяжело, особенно если они спрятали в себе так много своих эмоций, чтобы выжить, или из-за страха и желания избежать всех видов боли. Когда человек присутствует в настоящем, он сталкивается со страхами, болью и всем тем, что долгое время заметал под ковер. Конечно, это может быть ошеломляюще, но я обещаю, что за короткое время с помощью медитации, созерцания и сознательно присутствующего поклонения можно начать исцеляться и двигаться в место целостности, которое отзывается эхом самых глубоких уголков внутренней любви, в то время как мы нести наши шишки, синяки и шрамы. Эти болезненные шрамы не должны рассматриваться как постыдные, но должны быть признаны вехами или областями освобождения на нашем пути. Один из способов превратить себя в целостность или в место исцеления — это осознанно присутствовать в

Настоящем.

Можно сказать, что, присутствуя, человек находится внутри своего Истинного Я (Бытия) и может войти в целостность. Но давайте спросим, что же такое целостность? Многие думают, что целостность — это абсолютное совершенство, состояние, в котором нет "недостатков" или несовершенств. Но целостность на самом деле связана со святостью и несет в себе весь путь, сломленность и исцеление, несовершенство и совершенство, напоминание о том, откуда мы пришли и куда направляемся. Кто-то может спросить: "Ну разве все это не проходит? я не хочу вспоминать откуда я пришел". Но помните, что даже после того, как Иисус воскрес из мертвых, он все еще носил на своем теле и внутри своего тела следы своего распятия. Раны все еще присутствовали в его плоти. Его тело отражало весь его путь. Именно наши несовершенства из-за наших путешествий, историй и процессов делают нас уникальными, вдохновляющими, красивыми и чудесными.

Я не могу не подчеркнуть важность практики саморефлексии или реализации и процесса напоминания себе о том, что мы присутствуем в Настоящем. Без этой практики маловероятно, что я смог бы постоянно двигаться вперед и прогрессировать в своих духовных практиках. Это заставляет меня быть постоянно честным с самим собой. Конечно, это не всегда легко, потому что временами я не чувствую ничего, кроме боли или ощущения пустоты. Но со временем эта открытость рождает что-то действительно новое внутри. Таким образом, когда вы втягиваетесь в настоящий момент, откройте свое сердце, позвольте ему исцелиться, позвольте себе чувствовать и знать, что Дух движется, исцеляет и восстанавливает все ваше существо.

Присутствие в Настоящем медитация в положении сидя: 20 минут

Существует множество различных методов и способов, которыми можно заняться практикой медитации. Для начала нужно найти удобное место, стул, диван или подушку. Основная цель — держать спину прямо, независимо от того, сидите ли вы на стуле или лежите. После того, как вы это сделаете, вы можете начать с нескольких глубоких вдохов. Вы можете заметить, что ваш ум бежит и мчится — это нормально и нормально для любого, кто занимается медитацией. Цель состоит не в том, чтобы пытаться остановить мысли, а в том, чтобы сделать паузу, понаблюдать отметить, как проходят ваши мысли. Обратите внимание, о чем вы думаете: это необходимо в тот момент? Через минуту спокойного сидения снова сделайте пару глубоких вдохов. Наконец, мягко произносите вслух "Иисус Христос", наполняя свое сердце благодарностью в течение двадцати минут. Обратите внимание на то, что чувствует ваше тело, когда вы произносите имя, обращая внимание на небольшие изменения, которые могут происходить в вашем организме. Помните, что цель медитации не в том, чтобы заснуть, а в том, чтобы стать более восприимчивым, чувствительным и осознанным. Это успокоить свои воды, чтобы можно было войти в трансформационные процессы и место общения.

"Вы знаете, что наше дыхание — это вдыхание и выдыхание воздуха. Органом, служащим для этого, являются легкие, лежащие вокруг сердца, так что воздух, проходящий через них, тем самым обволакивает сердце. Таким образом, дыхание является естественным путем к сердцу. Итак, собрав в себе свой ум, направьте его в канал дыхания, по которому воздух достигает сердца, и вместе с этим вдыхаемым воздухом заставьте свой ум опуститься в сердце и остаться там... когда вы таким образом войдете в место сердца, как я показал вам, благодарите Божество и, восхваляя Его милость, продолжайте так делать, и через то научитесь тому, что никаким другим образом нельзя постичь".

- Никифор Одинокий

11

ДЫХАНИЕ

«Вот описание неба и земли, когда они были сотворены, в тот
день, когда ЯХВХ Элохим сотворил землю и небо. И никакого
полевого кустарника еще не было на земле, и никакая полевая
трава еще не взошла, ибо ЯХВХ Элохим не посылал дождя
на землю, и не было человека, чтобы возделывать землю. Но
туман поднимался от земли и орошал всю поверхность земли.
Затем ЯХВХ Элохим создал человека из праха земного и
вдунул в его ноздри дыхание жизни; и человек стал живым
существом (нефеш хая)". Бытие 2:4-7

Выполняя упражнения из этой книги, вы, возможно, замечали, что
дыхание играет важную роль в успокоении тела и ума при переключении
сознания на деятельность Духа. В библейском повествовании о
сотворении человечества в Бытие 2 говорится, что Божество вдохнуло
в первого человека дыхание жизни, тем самым сделав его живой душой.

В повествовании человек не был жив, пока в его тело не вошло дыхание Божества. Дыхание или воздух рассматривается в этом описании как одна из жизненных сил, что-то, что оживляет и дает жизнь человеческому телу. Проще говоря, человек умрет без дыхания. Точно так же, как воздух дает жизнь телам, так и Дух дает жизнь душам. Это позволяет нам иметь сознательный опыт существования. Без Духа или фундаментального осознания мы бы плавали в мире возможностей. Дух, как и дыхание, делает человека реальным.

В нашем теле есть более одного типа дыхания. Конечно, у нас есть воздух, который входит и выходит из наших легких, и у нас также есть поток крови, который циркулирует по всей нашей системе. Наконец, у нас есть текущие энергетические поля, которые проходят через нашу нервную систему. Все это примеры типов дыхания. Движение каждого из них дает жизнь нашему телу, и без любого из этих трех видов деятельности человек уже не был бы жив. Итак, по мере того, как вы углубляетесь в медитацию, постарайтесь больше узнать о своем дыхании. Обратите внимание, как первичная всасывающая ноздря смещается каждые пару часов или около того. Обратите внимание, что быстрое дыхание или медленное дыхание делают с вашим сердцем. Наш разум, мозг и тело изменяются благодаря нашим ритмам дыхания, и благодаря изменениям нашего дыхания мы можем изменить наше восприятие реальности, а также нашу чувствительность к Духу.

Дыхание стало для меня главным ключом к раскрытию способности концентрироваться. Когда я только начинал свое медитативное путешествие, я садился и пытался очистить свой разум. Через несколько минут мне становилось скучно, мой разум блуждал, и я быстро терялся в своих мыслях. Однако через некоторое время я обнаружил, что сосредоточение внимания на дыхании позволяет моему уму заниматься и фокусироваться на чем-то, пока я сижу. Знакомство с дыханием и проявление внимания к его нюансам разгрузили мой разум, что позволили возникнуть состояниям покоя. Для меня дыхание открыло состояния потока, которые позволили достичь большей ясности в духовном восприятии и сердечном взаимодействии с Духом. Благодаря простой концентрации на дыхании ночью я много раз покидал свое тело. Хотя это может показаться очень простой концепцией, она невероятно эффективна. Здесь я должен отметить, что существует много-много способов задействовать дыхание, которые лежат в основе различных духовных занятий, таких как телесная настройка и разблокирование метасостояний сознания. Приведенное ниже простое упражнение — отличный способ начать, и в то же время оно является фундаментальной и мощной практикой.

Дыхательная медитация: 15 минут.

Найдите место, где можно сидеть спокойно и прямо. Теперь мягко помолитесь вслух: "Дух Святой, позволь мне осознать Тебя в дыхании". Теперь сделайте несколько глубоких вдохов. Вдохните легко и спокойно через нос. Вдохните в течение четырех секунд, задержите дыхание на четыре секунды, затем выдохните в течение четырех секунд. Во время дыхания сосредоточьте все свое внимание на дыхании. Обратите внимание, как воздух входит и выходит из вашего носа. Как он пахнет? Вы чувствуете что-нибудь? Обратите внимание на температуру воздуха, когда он входит в ваш нос и обратите внимание, как она меняется при выдохе. Сосредоточьтесь на дыхании, когда вы вдыхаете и выдыхаете. Если ваш ум блуждает, просто верните внимание к дыханию. Позвольте дыханию успокоиться, помассируйте и успокойте свое тело. Позвольте своему уму медленно прийти в состояние покоя и легкости.

"Ни одно творение не имеет смысла без Слова Божества.

Слово Божества во всем творении, видимое и невидимое.

Слово есть живое, бытие, дух, вся растительность, все творчество.

Это Слово вспыхивает в каждом существе.

Таков Дух во плоти — Слово неотделимо от Божества".

- Хильдегард Бингенская

12

ЗАКЛЮЧИТЕЛЬНЫЕ МЫСЛИ

На протяжении всей этой книги вы сталкивались с различными формами и методами, чтобы пробудить себя к потоку Духа внутри. Если вы начнете практиковать основные принципы самонаблюдения и успокоения своего ума, это широко откроет дверь для сознательного взаимодействия с Духом. Конечно, есть много других техник и способов медитации, которые не обсуждались в этом руководстве. Но, терпеливо выполняя упражнения в конце каждого раздела, можно начать видеть Экологию Духа внутри себя. Святой Дух движется, течет и постоянно говорит с нами в безмолвии нашего бытия. Трудная задача состоит в том, чтобы создать время, чтобы пробудиться к этому. Это наш призыв: быть терпеливыми, стать чувствительными и не бояться интуитивно чувствовать текущие действия Духа. Когда мы это делаем, со временем мы наполняемся невыразимой радостью, экстазом, покоем и утешением.

Все эти действия являются началом зарождающегося христианства в мире и издревле уходят корнями в мистические практики. Если вы начнете работать с этими техниками, начнут возникать мистические переживания. Но что еще более важно, ваше сердце пробудится, и ваша жизнь во Христе засияет по-новому. Используйте эти методы, чтобы революционизировать свою область или профессию. Пусть придет откровение, чтобы изменить мир так, чтобы он мог обрести характеристики неба. Помните, что ваше истинное Я укоренено в Духе Христа. Это "уже не я живу, но Христос во мне" (Гал. 2:20). Именно в этом месте мы прикасаемся, высвобождаем и углубляем наши медитативные экскурсы. Начав здесь, в месте отдыха, выполняя эти различные практики, вы откроете эмпирическое измерение своего единения со Христом, которое действительно превосходит все, что кто-либо когда-либо мог выразить словами. Пусть эти практики станут средством, которое приведет вас на Небеса и в колодец Живой Воды, который покоится глубоко в наших Сердцах.

Если вы заинтересованы в еженедельной группе по медитации, где мы практикуем и изучаем множество основ медитации, а также вместе изучаем более продвинутые техники, посетите сайт www.rooakh.com для получения дополнительной информации. Каждую неделю мы встречаемся онлайн и собираемся вместе, чтобы помедитировать.

Мы будем рады увидеть тебя там!

ПРИМЕЧАНИЯ:

i. См. www.aacetv8.com.

ii. Также известен как "внетелесный опыт".

iii. На одном уровне слово "Дух" порождает идею о том, что Божественное в своей совокупности есть Дух в вечном становлении (Иоанна 4:24), а также утверждает, что те, кто соединен со Христом, являются телесным аспектом присутствия Духа (Римлянам 8:9-17) как в действии, так и в пребывании, подобно храму (1 Кор. 3:16).

iv. Я заимствовал этот термин у А. Э. Робертса. Для получения дополнительной информации о различных процедурах осмысления см. его журнальную публикацию The Side View.

v. К ним относятся, но не ограничиваются:

• Вера в трансцендентного и непоколебимого Бога, который живет выше и вне творения. Иногда этот Бог видится как нечто настолько совершенное, что он становится полностью статичным и никогда не отвечает миру, тем самым делая Бога совершенно отрешенным. В других случаях Бог изображается как всемогущий греческий бог, сидящий на троне и ожидающий возможности наброситься на тех, кто грешит, тем самым создавая Цезаря или тиранический образ Бога, который позволяет людям быть "в порядке" с людьми, которые ведут себя подобным образом в соответствии с этим "божественным" образом.

• Вера в то, что Бог не только прекрасно знает будущее, но и что Бог организовал все события в мире в соответствии со Своей волей, тем самым подавив свободную волю и сделав Бога виновником всего зла и страданий.

• Чрезмерный акцент на не связанном иерархическом мировоззрении неба, основанном на позициях власти, влиянии агентов контроля, что привело к репрессивным структурам господства.

• Учение о первородном грехе и презумпция того, что все человечество рождается порочными тварями, предложенное Августином из Гиппо в 4 веке. Его учение создало фундаментальную раздвоенность между Богом и Человеком, что привело к обесцениванию и игнорированию того факта, что Человек назван хорошим вместе с остальным творением в Бытие 1.

• Доктрина первородного греха также привела к теологической доктрине замены наказания, которая подчеркивала присущее человечеству отделение от Бога. Таким образом, единственный способ снова стать на сторону Бога — это исполнить молитву грешника, тем самым снова отчуждая Бога от мира.

• Учение о том, что чудеса и апостольство прекратились со смертью апостолов первого века, что привело к поклонению Библии и запрограммировало многих верить, что Дух не движется и не действует в современном мире.

• Представление о том, что Бог по своей сути и исключительно проявляется как мужчина или мужчина, привело к иерархической системе контроля, ориентированной на мужчин, которая лишает женщин прав и угнетает их.

• Представление о том, что Бог — это белый человек, привело к деспотичному и деструктивному поведению по отношению к коренным группам и цветным народам.

• Чрезмерный акцент на рае после смерти, который привел к злоупотреблениям многих на христианском Западе, направленным на уничтожение земли и ее животворящей среды.

• Буквальные прочтения нового неба и земли, а также одержимость концом света, восторгом и апокалиптическим учением о том, что творение будет уничтожено. Это привело к отсутствию чуткого и ответственного отношения к окружающей среде, а также к отсутствию заботы о нечеловеческих существах на Земле.

• Учение Лютера 16-го века о sola-scriptura, или "только Писании", которое привело к обожествлению письменной Библии и привело к потере постоянного откровения, которое можно найти в мире через природу и жизнь Духа с теми, кто во Христе. Это привело к опасно строгим и буквальным интерпретациям текстов, которые колеблются при любом критическом изучении, что вызывает у многих, кто идет по пути изучения, то, что некоторые называют "кризисом веры".

- Протестантская тенденция читать Иисуса через слова Павла, вместо того, чтобы читать письма Павла через призму жизни и учения Иисуса.

- Пренебрежение духовными и жизненными процессами, что привело к непониманию благодати и ее роли в нашей жизни и развитию гипер-перфекционистских тенденций в различных частях церкви.

- Обесценивание мистических переживаний и вообще духовных переживаний как средств трансформации человеческого Божественного понимания.

- Отсутствие понимания Экологии Бога как внутри, так и снаружи.

vi. Чтобы узнать больше об истории и структурах еврейского мистицизма, см. работы Гершома Шолема, Моше Иделя, Рэйчел Элиор, Пинхаса Гиллера и Даниэля Мэтта.

vii. Филиппийцам 2:7, Евреям 2.

viii. Когда я упоминаю душу на протяжении всей этой книги, я не предполагаю ее неизменной "субстанцией" или даже чем-то, чем человек обладает, а скорее деятельностью жизни, которая порождает становление человека. Как Дух появляется, появляется и Душа, как видно из Бытия 2. Следовательно, ею нельзя владеть или владеть самим собой, ибо это деятельность существования и сознания.

ix. Харт Р., Ивтзан И. и Харт Д. (2013). Имейте в виду пробел в исследованиях осознанности: сравнительный отчет ведущих школ мысли. Обзор общей психологии, 17, 453-466.

x. Спека, М., Карлсон, Л.Е., Гуди, Э. и Анген, М. (2000), "Случайно рандомизированный контрольный список ожидания: влияние программы снижения стресса, основанной на медитации осознанности, на настроение и симптомы стресса в амбулаторных больных раком", Психосоматическая медицина, 62, стр. 613–22.

xi. Лоу, К. А., Стэнтон, А. Л. и Бауэр, Дж. Э. (2008), "Влияние ориентированной на принятие по сравнению с оценочной эмоциональной обработки на восстановление частоты сердечных сокращений и привыкание", Эмоции, 8, стр. 419–24.

xii. Кабат-Зинн, Дж., Липворт, Л., Бернси, Р. и Селлерс, В. (1986), "Четырехлетнее наблюдение за основанной на медитации программой саморегуляции хронической боли: результаты лечения и комплаентность", Клинический журнал боли, 2(3), с. 159; Мороне, Н. Э., Греко, К. М. и Вайнер, Д. К. (2008), "Медитация осознанности для лечения хронической боли в пояснице у пожилых людей: рандомизированное контролируемое пилотное исследование", Боль, 134 (3), стр. 310–

19; Грант, Дж. А. и Рейнвилл, П. (2009), "Чувствительность к боли и обезболивающие эффекты состояний осознания у медитирующих дзен: поперечное исследование", Психосоматическая медицина, 71 (1), стр. 106–14.

xiii. Дэвидсон, Р.Дж., Кабат-Зинн, Дж., Шумахер, Дж., Розенкранц, М., Мюллер, Д., Санторелли, С.Ф., Урбановски, Ф., Харрингтон, А., Бонус, К. и Шеридан, Дж. Ф. (2003 г.), "Изменения в мозге и иммунной функции, вызванные медитацией осознанности", Psychosomatic Medicine, 65, стр. 567–70.

xiv. Харт Р., Ивтзан И. и Харт Д. (2013). Имейте в виду пробел в исследованиях осознанности: сравнительный отчет ведущих школ мысли. Обзор общей психологии, 17, 453-466.

xv. Ивановски, Б. и Малхи, Г.С. (2007), "Психологические и нейрофизиологические сопутствующие формы медитации осознанности", Acta Neuropsychiatrica, 19, стр. 76–91; Шапиро, С.Л., Оман, Д., Торесен, К.Э., Планте, Т.Г. и Флиндерс, Т. (2008), "Развитие внимательности: влияние на благополучие", Журнал клинической психологии, 64 (7), стр. 840– 62; Шапиро, С.Л., Шварц, Г.Е. и Боннер, Г. (1998), "Эффекты осознанности на основе снижение стресса у студентов-медиков и врачей", Journal of Behavioral Medicine, 21, стр. 581–99; Сигел, Д. Майндсайт: новая наука о трансформации (Нью-Йорк; Random House, 2010).

xvi. Фредриксон Б.Л. и Джойнер Т. (2002), "Положительные эмоции запускают восходящую спираль к эмоциональному благополучию", Психологическая наука, 13, стр. 172–175; Фредриксон Б.Л. и Левенсон Р.В. (1998), "Положительные эмоции ускоряют выздоровление после последствий негативных эмоций для сердечно-сосудистой системы", Познание и эмоции, 12, стр. 191–220; Тугаде М.М. и Фредриксон Б.Л. (2004), "Стойкие люди используют положительные эмоции, чтобы оправиться от негативных эмоциональных переживаний", Журнал личности и социальной психологии, 86, стр. 320–33.

xvii. См. "Осознанность доктора Дэнни Пенмана: восьминедельный план обретения мира в безумном мире" для получения дополнительной информации, стр. 5–6.

xviii. Слово "ритуал" подверглось критике со стороны американских протестантов, поскольку оно несет в себе понятия повторения, практики и рутины, то есть качества, которые они отвергают в католицизме. Однако этот отказ полностью выплеснул ребенка вместе с водой из ванны и породил тонкий бунт против представления о ритуализированной практике в целом. Как концепция, ритуал — это то, что способствует упорядоченной сакральности, подобно углублению на грампластинке или ирригационной траншеи. Они поддерживают и производят своего рода энергетическую память, которая может быть наполнена Божественным Духом. Когда ритуалы наполнены намерением и любовью, они могут стать одним из самых прекрасных аспектов нашего духовного путешествия.

xix. Очевидно, есть исключения из этого, особенно квакеры.

xx. Это чем-то похоже на духовные упражнения, созданные святым Игнатием Лойолой в 16 веке в рамках иезуитской традиции.

xxi. Каплан, Еврейская медитация, 41.

xxii.   Каплан, Медитация и Библия, 64-65.

xxiii.   См. книгу Пьера Адо "Что такое античная философия?"

xxiv.   Шерман, Причастники божественного: созерцание и практика философии, 9.

xxv.   там же, 10.

xxvi.   Брок, Мудрость святого Исаакия Сирийского, проповеди 64,65.

xxvii.   Хотя Псевдо Дионисий популяризировал этот подход, святой Григорий Нисский был первым, кто широко представил эту технику в своем основополагающем труде "Житие Моисея".

xxviii.   Мы видим, что эта идея упоминается в Писании, например, в Иоанна 1:18: «Божество никто не видел и не может видеть". 1 Тим. 6:16: „Он живет в неприступном свете"; Иов 11:7-8: "Пути Его неисследимы".

xxix.   Облако незнания и другие произведения (Penguin Classics), 29.

xxx. Облако незнания и другие работы (Penguin Classics) 9.

ОБ АВТОРЕ

В течение последних восьми лет Тейлор Ремингтон совершенствовался и посвятил себя медитативным и созерцательным практикам, сосредоточенным на Христе. Плоды его опыта, прозрений и исследований открыли и усовершенствовали духовные технологии, фокусирующиеся на аспектах чувства, интуиции и восприятия, которые Тейлор включает в свой практический курс и учения Руаха, чтобы реинтегрировать свое тело, душу, отношения и внешний мир в единство с Духом. С помощью этих духовноцентрических техник Тейлор направляет человека к новому опыту вечно текущей Духовной жизни во Христе, что неизбежно приводит к воплощенному миру, или Шалому, во всех сферах жизни.

Тейлор участвовал и служил на многих христианских духовных аренах в течение последних десяти лет. У него есть степень бакалавра. Он получил степень бакалавра межкультурных исследований и степень бакалавра библейских исследований в Университете Биола, а также степень магистра богословия и религии в Клермонтской школе богословия, где его исследования были сосредоточены на трансперсональных аспектах опыта и становления. Тейлор учился и служил под руководством доктора Огбонная из Aactev8 International в течение последних восьми лет, изучая и воплощая в жизнь как христианские, так и еврейские методы взаимодействия с Богом. Опыт Тейлора сосредоточен вокруг Духовного, что подчеркивается историческими, мистическими, философскими и теологическими практиками и идеями древней, средневековой и современной церкви. Помимо школьной подготовки, Тейлор является сертифицированным учителем Осознанности и Медитации, а также сертифицированным учителем Христианской осознанности.

Тейлор и его жена Меган в настоящее время живут в Южной Калифорнии и любят проводить время, путешествуя, учась, читая и болея за "Лейкерс".

Seraph Creative — это коллектив художников, писателей, богословов и иллюстраторов, которые желают увидеть, как тело Христа достигает полной зрелости, идя в своем наследии как Сыны Божьи на Земле.

Подпишитесь на нашу рассылку, чтобы узнавать о будущих захватывающих релизах.

Посетите наш сайт: www.seraphcreative.org

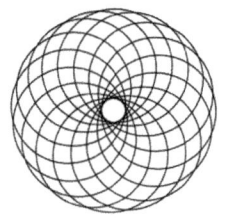

www.ingramcontent.com/pod-product-compliance
Lightning Source LLC
Chambersburg PA
CBHW051541120626
46551CB00013B/1316